四川省卓越新闻传播人才教育培养计划项目
四川省2013—2016年高等教育人才培养质量和教学改革项目
数字时代影视传媒系列教材

实用数字报纸版面编辑

SHIYONG SHUZI BAOZHI BANMIAN BIANJI

主　编／亓怀亮

副主编／金煜斌　漆卫琦

西南交通大学出版社

·成都·

图书在版编目（CIP）数据

实用数字报纸版面编辑 / 亓怀亮主编. —成都：
西南交通大学出版社，2014.8（2020.9 重印）
数字时代影视传媒系列教材
ISBN 978-7-5643-3415-4

Ⅰ．①实… Ⅱ．①亓… Ⅲ．①报纸编辑－教材 Ⅳ．
①G214.1

中国版本图书馆 CIP 数据核字（2014）第 197769 号

数字时代影视传媒系列教材
实用数字报纸版面编辑
主编　亓怀亮

责 任 编 辑	罗小红
封 面 设 计	墨创文化
	西南交通大学出版社
出 版 发 行	（四川省成都市金牛区二环路北一段111号 西南交通大学创新大厦21楼）
发 行 部 电 话	028-87600564　028-87600533
邮 政 编 码	610031
网　　　　址	http://www.xnjdcbs.com
印　　　　刷	四川玖艺呈现印刷有限公司
成 品 尺 寸	185 mm×260 mm
印　　　　张	14.5
字　　　　数	344 千字
版　　　　次	2014 年 8 月第 1 版
印　　　　次	2020 年 9 月第 3 次
书　　　　号	ISBN 978-7-5643-3415-4
定　　　　价	62.80 元

数字时代影视传媒系列教材编委

编委会主任　　陈祖继

编　　　委　　张乐平　廖全京　李佳木

　　　　　　　徐先贵　刘　彤　韩治学

　　　　　　　徐　荐　刘益君　黄晓峰

　　　　　　　向　东　王志杰　宋永祥

　　　　　　　孔小进

融入现代职业教育体系　凸显数字影视传媒特色

（代　序）

　　21世纪的到来，媒体行业正发生着一场巨变，甚至是裂变，一场围绕着影视传媒行业创新与突破为核心的数字内容产业正在席卷全球，以波澜壮阔之势蓬勃展开，引领一个新的时代的到来——数字时代。数字时代影视艺术也以全新的形态和更为丰富的内涵影响着社会大众的生活，并推动着数字影视产业的快速发展。促进数字时代影视技术与艺术深层次结合成为时代赋予新一代传媒人的历史责任，数字时代如何培养更加优秀的影视传媒人才是社会传媒行业之需要，更是影视传媒院校之重任。

　　媒体行业在应时转变，国家教育体制也在顺势改革。2014年9月10日，国家教育体制改革领导小组审议并原则通过《国务院关于加快发展现代职业教育的决定》和《现代职业教育体系建设规划》，旨在推进职业教育改革发展，更好地服务国家经济发展方式转变。这两个文件共同构成今后一个时期指导职业教育改革创新的基本文件，提出了发展中国现代职业教育的总目标，即"到2020年，形成适应发展需求、产教深度融合、中职高职衔接、职普相互沟通，体现终身教育理念，具有中国特色、世界水平的现代职业教育体系"。

　　面对如此变化，为了培养适应新媒体时代，特别是数字时代所需的全能型媒体人才，将影视传媒教育融入现代职业教育体系，满足市场对人才动态变化的需求，产教结合，校企合作，服务于地区经济与区域经济发展，我们潜心研读文件精神，用心探索应对方案，精心打造具有数字时代特色的专业教学方式、方法，全心投入到大势所需的教材改革之中。

作为一所正在成长中的新建本科艺术院校，四川传媒学院立足于时代前沿，结合传统的教学模式，不断转变思想，面向市场办学，加强实践环节，极大地锻炼了广大学生的实践能力和创造能力。当前，我们正在以全新的数字视角和理念，倾力做好两个省级重点规划项目：四川省卓越新闻传播人才教育培养项目和四川省2013—2016年高等教育人才培养质量和教学改革项目。

高等教育要基于科技与文化，立足前沿，面向世界，面向未来，高瞻远瞩，而高质量的理论与实践结合的教材是必不可少的，在传媒行业与教育体制大改革的当下，将教材改革与实际教学和人才培养相结合，这是编导与戏文系一直以来坚持的教育理念，也是与我系提出的"五自三出"人才培养模式一脉相承，更是编导与戏文系十年以来老、中、青教师孜孜以求的结果，是一种集体的结晶。

本系列书的出版恰好弥补了数字时代的一个空白，它涵盖了数字时代所涉及的数字影视、数字动漫、网络传媒、数字媒体创作、数字特技与特效制作、数字平面编辑与设计等方面的内容。套书的编写一方面力争将自己的研究对象置于理论层面上加以审视，从传媒文化传承中寻求对特定问题的解释，并以此观照中国广播影视事业的发展；另一方面又十分注重用市场的需求来反观影视人培养的历史、现状和未来。在大量的实际操作和广阔的学习平台中，架构一个开放的、动态的、科学的、零距离接近的实践育人模式，力争在以数字技术为载体的当下，在理论与实践领域积极探索一种全新的思维模式，构建一种应用性强、实用性强、操作性强的育人体系。

本系列书的作者主要来自两个方面：一是具有较深学养的院校专业教师和研究人员；二是具有丰富实践经验的一线工作人员。其构成切实符合理论和实践结合的育人原则，理论为实践服务，重视突出实践，同时，也为该系列书的可读性提供了保证。本套书既可以作为各大院校相关专业的教材，也可以成为从业人员的进修读物，为数字时代影视传媒业的发展与建设尽绵薄之力。

　　近几年来，在国家文化产业政策的扶持与鼓舞下，在国家文化产业大繁荣大发展的背景下，国内数字产业正在以破竹之势迅猛发展。基于此，我国影视传媒行业也正在逐步向数字传媒方向靠拢或转型，稳步进入一种数字化与多样化齐头并进的欣欣时代。这对于以传媒专业为主导的高等传媒院校来讲既是机遇也是挑战，也是影视传媒教育工作者值得深深思考的问题。

　　数字时代影视传媒人才培养的模式还在不断向前发展，随着这种发展还将会有更为深刻、广阔的内容出现，因此丛书难免存在种种不足，我们有理由相信，这只是一个具有开拓性的开始，未来的研究、探索之路仍然漫长。数字时代影视传媒将如何更好的发展与前行，应该成为数字时代影视传媒教育努力和思考的方向！

　　我衷心期望能够借助于该系列书的出版，抛砖引玉，使更多的专家、学者、教师及热爱影视传媒行业的广大青年朋友可以融入到数字时代影视传媒教育这一大的课题建设中来，出谋划策，共筹未来！

　　是为序。

陈祖继

2014年6月25日

（陈祖继教授系中国作家协会、中国电视艺术家协会、中国戏剧家协会、中国电影家协会会员，四川省新闻教育学会副会长，四川传媒学院副院长）

前　言

　　大众传播领域不断发展，传统信息传播方式已经发生改变，新媒体传播方式快速抢占市场份额，互动成为数字出版产业快速发展的基础；数字技术在出版领域的应用越来越广泛，内容的编辑、制作、印刷复制、发行、传播和消费都与技术进步紧密相关。

　　数字出版是指利用数字技术进行内容编辑加工，并通过网络传播数字内容产品的一种新型出版方式，其主要特征为内容生产数字化、管理过程数字化、产品形态数字化和传播渠道网络化。目前数字出版产品形态主要包括电子图书、数字报纸、数字期刊、网络原创文学、网络教育出版物、网络地图、数字音乐、网络动漫、网络游戏、数据库出版物、手机出版物（彩信、彩铃、手机报纸、手机期刊、手机小说、手机游戏）等。数字出版产品的传播途径主要包括有线互联网、无线通讯网和卫星网络等。

　　数字报纸的出现是新媒体时代的必然产物，是基于数字出版技术的纸媒信息传播的新型载体，是更适应于新媒体时代读者阅读所需的出版形式，是未来大数据时代的重要信息产品。目前，业内人士已将数字报纸的优势进行了归结：数字报纸信息传播更快捷，在每期报纸排版完成的同时即可发布报纸网络版，省去了传统报纸所需的印刷，发行的时间，使报纸的时效性更强。发行的覆盖面更广泛：通过网络报纸平台的发布，任何人只要能上网，就能阅读到刊物上的信息，报纸不再是某区域内发行，而是做到了全球发行。可回溯性增强，回顾功能可以让客户轻松地找到特定期次的报纸内容，方便了编者对报纸内容的管理。全文检索更实用，用户可以运用关键字搜索的方式，查询到相关度最高的文章，从而迅速找到相关文章。内容的互动性增强，通过在线评论、邮件等方式让信息不再是单向传播，而是通过读者和编辑的互动形成一个促进报纸不断发展进步的良性循环。作为报业人，更了解报纸的特点，按照报纸的网络浏览特点，版块都是高度仿真，强大的数据库支持。操作方便，而且可以按照各个报社的文化背景，量身制作外观页面。

在此媒体环境之下，对于数字出版时代的数字报纸版面编辑的培养应该走"全能型"编辑培养模式道路，将数字时代的版面编辑在纸媒时代版面编辑的基础之上进行重塑。首先，对于版面编辑的认识和理解应该更加具有深度和广度，不能将版面编辑仅仅停留在对于版面稿件的处理和版面的编排层面，而是要将二者紧密地结合起来。从前期采访、写稿、编辑稿件到版式的设计及编排应集于一身，而不是各自分离甚至对立。其次，数字出版时代的版面编辑，对于版式的设计及编排也应该进行编辑意识上的重塑。数字出版时代，数字报纸的版式更加灵活多变，更加新颖，更加具有美感，力求在平面中实现二维效果向三维效果的转变，增强版面的视觉冲击力。再次，数字报纸还要求版面编辑具有较强的编辑软件操控能力，掌握最前沿的数字编辑软件，真正与数字时代接轨，创造更具有吸引力的作品。

《实用数字报纸版面编辑》一书，正是在这样的一种指导思想下，立足于实际教学，结合当今报业发展趋势，倾力编写的具有较强实用性的教材。《实用数字报纸版面编辑》一书，是2013年四川省教育厅批准立项研究的教改项目——"数字出版时代"全能型"编辑人才培养的实践教学方法研究"的重要研究成果。本书侧重于对于数字报纸版面编辑的编辑意识培养和设计意识的塑造。从版面编辑的编辑思想与素质、版面文字稿件、图片稿件、版面语言、编排手段、版式设计六个主要方面展开讲述，所涉及的内容，都紧密围绕着"数字"概念，所选择的案例，均考虑到"数字"效果。书中所用案例与图片，主要是基于版式分析，在此对图片提供者一并表示感谢。

编　者
2014年8月

目录
CONTENTS

第一章 编辑思想与素质

第一节 编辑思想与政治素质

第二节 编辑思想与道德素质

第三节 编辑思想与业务素质

第一章 编辑思想与素质

版面编辑是新闻出版业的核心力量，它在新闻出版行业中所承担的工作和肩负的使命是无可替代的。版面编辑工作是一项有着特殊意义的工作。想要做一个好的版面编辑，尤其是在当今数字出版时代设计出具有品牌效应的优秀版面作品并非易事，首先要培养自己的编辑意识和编辑思想。

所谓版面编辑思想，是在版面编辑过程中具备特殊政治素质、道德素质、业务素质、创新意识，并通过艺术与技术手段使新闻产品得到最大价值体现，并给读者以美的享受的一种思想。一般来讲，版面编辑的编辑思想要服从于报道思想，且要体现报道思想。版面编辑的编辑思想是建立在报道思想的基础之上的。

第一节 编辑思想与政治素质

版面编辑虽然从事的是新闻出版的后期工作，但一样隶属于新闻宣传工作的范畴。版面是读者接触到的第一对象，是信息传播在形式上的最直观体现。因此，为了高质量地完成新闻信息传播，版面编辑与新闻采编中的记者及文字编辑一样，必须具有较高的政治素养。

版面具有较强的导向性，其蕴含的立场、观点和态度，不仅仅代表着媒体自身，而且深深影响着受众。因此作为版面编辑，要具备较强的政治敏感，包括政治敏锐性、政治立场的坚定性和政治的强鉴别能力。

版面是艺术与技术相结合且深蕴着政治的产物。一个版面上，报道思想已经明确了该突出什么，不突出什么；强化什么，淡化什么。一条新闻，一张图片，一篇文章，放在什么位置，用什么字体，用多大字号，做几行标题，是否加框加线或用网纹及套色等，都需要着眼于政治，去做正确地判断和处理。一张报纸的新闻舆论导向如何，除了取决于它的宣传内容外，很大程度上是通过版面形式表现出来的。在报纸版面上，编排稿件的"版面言语"是办报人政治立场、政治观点以及感情和审美眼光的自然流露和外在呈现，版面编辑必须具备一种政治把关意识。

【案例】

图1-1 《人民日报》①2014年4月30日头版

【分析】版面编辑的政治素质不仅体现在对于重大时政新闻的处理上，还体现在对于凸显时代精神、时代价值以及特殊时期特定意义新闻的处理上。五一劳动节，是一个值得庆祝的重要节日，其本身的意义不言而喻。版面编辑在处理这一特定节日版面时，在形式上要做到直观、醒目、突出。

就图1-1中的版面而言，版面编辑在操作过程中首先进行了明确的版位划分，将版面中最重要的位置留给了一则报道劳动者的文章，且图文并茂，标题字体厚重，线条分割与突出功能并重。这样的处理充分体现了版面编辑的政治素质。

---

① 《人民日报》是中国共产党中央委员会的机关报，是中国第一大报，也是中国最权威和最有影响力的全国性报纸。

2002年7月1日，《人民日报》在全国几个地区推出彩版形式，截至2007年7月1日，人民日报已在全国范围实现彩色印刷。

2009年7月1日，《人民日报》进行了扩版，每天由16版扩至20版。2010年1月1日起，《人民日报》再次扩版，周一至周五每天的版面由20版扩至24版；周六、周日版面不变，每天仍为8版。其中，第1～6版为要闻版块，第9～15版为国内新闻版块，第17～20版为周刊及专版版块，第21～23版为国际新闻版块。此外，第7版为理论版，第24版为副刊。扩版后，每天增加1个要版、1个国际新闻版；每周增加1个观点版、1个新兴媒体版；周刊和副刊的版面也有所增加。

图1-2 《参考消息》①2013年12月27日头版

【分析】在图1-2中，版面编辑充分利用版面空间符号，横式标题与纵式标题相接，且处于版面显著位置，使"中共领导集体向毛泽东致敬"与"安倍拜鬼公然挑战国际社会"两则消息形成了一种鲜明对比。在对比中突出了报道思想，渗透出了更多的言外之意。这一版面的编辑手法可谓技高一筹，也正是编辑较高政治素质的外在呈现。

第二节 编辑思想与道德素质

版面编辑的道德素质主要是道德水平和道德认识的综合反映和体现，具体包含版面编辑的道德修养、道德情操、道德水平及道德风貌。版面编辑的道德素质如何，将直接影响编辑思想的形成与存在。

让我们先来看两则案例，希望可以激发我们对编辑道德素质的思考。

---

① 《参考消息》是新华通讯社主办，参考消息报社编辑出版的日报。其是一份以提供"境外的声音"为特色的国际国内时政报纸。出版周期：日报。

版面情况：2011年以前，《参考消息》周二、三、四为16版，其余为8版，春节期间为4版。2011年起，周一至周五每天16版，周六、周日8版。2008年8月9日的《参考消息》，其内容是奥运会开幕的文字和图片，是《参考消息》的第一张彩色版面；2010年5月1日的《参考消息》，其内容是世博会开幕的文字和图片，也是《参考消息》的第二张彩色版面。

【案例1】

某记者一审获刑7年　以新闻监督之名行敲诈之实

多次以新闻采访、发表相关部门负面报道的方式，收受他人钱财，昨天，中国经济时报某记者站副站长犯贪污罪、受贿罪、介绍贿赂罪被中原区法院一审判处有期徒刑7年。

法院审理查明，2012年至2013年期间，被告人担任《中国经济时报》某省记者站副站长（主持工作），利用职务便利，以曝光中国移动南阳分公司一基站故障致使周边群众花费虚高问题相要挟，要求该公司做有偿专版，该公司将5.8万元转到被告人指定的账户，该笔款项被扣除相关费用后，被告人将5万元据为己有，用于偿还个人购房欠款；2011年至2012年期间，被告人以新闻采访、发表相关部门负面报道的方式，收受孙某等人8万元，其本人分得贿赂款4.15万元；2011年至2013年期间，被告人因该报记者李某某采访某银行担保问题、金水区庙李东岸尚景小区业主堵路事件及耿某某偷拍平顶山热带雨林浴池色情服务问题，先后接受被采访、报道单位人员委托，分四次向耿某某等人介绍贿赂。

目前，《中国经济时报》原某省记者站已被国家新闻出版广电总局撤销。

昨天，中原区法院以贪污罪判处被告人有期徒刑5年，以受贿罪判处其有期徒刑3年，以介绍贿赂罪判处其有期徒刑6个月，决定执行有期徒刑7年。一审宣判后，原被告人不服判决上诉至郑州市中院。

（文章摘自中新网·河南新闻网，有改动）

【案例2】

支持农夫山泉与《京华时报》强势对质

多年以来，中国企业在媒体面前一直以弱势形象存在，这一不正常需要得到改观。农夫山泉许多具体做法确有待商榷或失误，但敢站出来与媒体强势对质的勇气是值得肯定的。因为这对消费者有百利而无一害。

文/陈岳峰

图1-3 农夫山泉PK《京华时报》

引文：只有真正没有问题或者问题较少的企业，才敢于应对外界的质疑与批评。也只有媒体监督越深入，企业回应越高调，是否真有问题才能暴露得越彻底，产品质量才能最大程度在内外因环境的共同作用下得到有效改善与提升，公众才能最大程度受益。

农夫山泉与《京华时报》的PK愈演愈烈，5月6日，农夫山泉在北京召开新闻发布会，意图澄清质疑。农夫山泉认为自身产品没有问题，甚至多项指标优于地方与国家标准，是目前国内执行最高饮用水标准的企业之一。并指责《京华时报》的持续报道是蓄谋已久，开辟了一家媒体批评一个企业的新闻纪录。而《京华时报》坚持称所有关于农夫山泉在产品标准执行上的报道是正常的舆论监督，强调每一篇报道都经得起推敲。并称农夫山泉在全国数百家传统媒体还有网媒购买广告的行为则属于谩骂和不理性。

整个发布会，双方仍然各执一词，丝毫未见缓解迹象，甚至更为激化。据现场报道，农夫山泉工作人员与到场的《京华时报》记者还发生冲突，甚至要求记者"滚出去"。如此一触即发，可见双方矛盾之深。这一事件的发展也许让人大跌眼镜：一家企业和一家媒体竟然如此干上了。

5月6日，农夫山泉还在官微发布消息称，已经向法院提起诉讼，向《京华时报》索赔6 000万元。事态发展既然已经走到了法律层面，大家也就没有必要先去假定谁对谁错，耐心等待法院的最终调查和公正宣判即可。而从另一个角度来重新审视双方在这段时间的所作所为，或许更值得关注。

没有孰是孰非

作为媒体，在行使正常的新闻报道权利时被企业威胁或干扰时，理所当然会对该企业进行更深入的调查与报道，这无可厚非。虽然按照农夫山泉的统计，从4月10号到5月6号的连续27天，《京华时报》用了67个版反复对这一事件进行报道。

5月7日，《京华时报》再用7个版（包括头版）狠批农夫山泉。这一次，许多人认为《京华时报》的舆论监督比正常有些过头了。就连《财经》杂志的执行主编何刚也在其微博上表示：过犹不及！农夫山泉恐怕没有坏到需要一家媒体如此大张旗鼓痛批吧？媒体资源具有公共性，不应被随意滥用。

在这一事件中，很多人指责农夫山泉的公关手段不力，甚至很多地方出现失误。但是，如果换位思考，站在企业的角度，在媒体步步紧逼，威胁到生存权的情况下，如果确实认为自身没有问题，那么便没有退路，只有正面回击。当然，在没有确凿证据时就宣布是竞争对手陷害的做法的确不可取。

农夫山泉与《京华时报》的"标准之战"没有孰是孰非，也不是非黑即白，双方都有足够的理由为自己辩白，都是在捍卫自己的阵地和话语权：农夫山泉在捍卫作为企业的市场生存与发展权利，《京华时报》在捍卫作为媒体的报道与舆论监督的权利。两者都在捍卫自己认为知道的真实事实权利。双方站的角度不一样，自然对同一件事情的理解也不一样。双方都绝不肯退让半步，认为退就意味着败。但问题是，争执了这么久，公众却愈发糊涂：都说自己对，但究竟谁对？

不过，相较于《京华时报》的持续关注与报道，其他媒体的热情并没有这么高。那么，究竟是农夫山泉公关了这些媒体？还是《京华时报》被架上了报道农夫山泉的马车，无法停下？

作为媒体从业者的一员，笔者不相信《京华时报》在报道农夫山泉在产品标准执行上的问题时，一开始就是蓄谋已久，或者像农夫山泉董事长钟睒睒所说"这个就是一个局"。而更相信这是出于一家知名媒体对于关系民生的食品安全问题和新闻事件本身的本能反应。

不过，在此后双方的对质升级后，对媒体持续报道一家企业，虽然依旧认同它的监督权和为此所做的努力，也不免会去揣测其如此不罢休的劲头，是否全部出于新闻报道与舆论监督的职责公心，而没有在其间掺杂任何一丝丝"报复"的心态。况且，相较于企业，媒体拥有更大的面向公众的话语权，《京华时报》如此大张旗鼓，难免有滥用"舆论监督"之嫌。

在这其中，公众能感受到企业的浮躁，而媒体也似乎缺乏足够的理性与冷静。

（文章来源：中国新闻周刊网）

中国新闻界自1996年以来已经广泛开展的"反对有偿新闻"的活动，其终极目的就是规范新闻从业人员（包括记者、责编、美编即版面编辑）的职业道德修养。以上两个案例分别反映出了在当今复杂的新闻环境下，我们的媒体、媒体记者、编辑在不同程度上存在着违背职业道德的问题和现象。案例1中记者利用《中国经济时报》这一"利器"，借职务之便在新闻报道过程中以制造舆论压力为手段收受贿赂，严重违背了记者的职业道德。而相应媒体也在社会上造成了不良的舆论导向，误导了受众，损害了其自身的形象。案例2，新闻媒体利用自身优势与企业形成对峙局面，看似舆论监督，实则形成了舆论暴力，甚至可谓是暴力报道，最终以两败俱伤的结果收场。在这一场媒体与企业的舆论战中，显现出的是媒体及媒体从业人员道德素质存在的不足，媒体导向性的缺失。

提及舆论导向，人们通常会认为是媒体、文字编辑或者记者的事情，与版面编辑无关，其实不然，二者看似无关实则紧密相连。在上面的案例中，看似没有涉及版面编辑的问题，但同样应该引起我们对版面编辑道德素质的探讨与思考。

版面编辑在版面编辑工作中首先应该具备和新闻记者一样的道德素质，成为一个道德素质高尚的媒体人。报纸有着强大的社会影响力，凡事经过版面编辑之手在版面上最终呈现出来的稿件，都会与个人乃至社会利益相关，影响重大。基于这种关系，版面编辑必须明白自身的道德职责，以恰当的版面语言来表达思想，讲真话，表实情，全面思考，不刻意不随意，切实站在正确的利益角度上去操作版面。否则，即使报道水准再高，也会使报纸的整体质量大大降低，甚至在舆论导向上造成大错，对社会造成严重的不良后果。例如图1-4这个版面。

图1-4 某报2013年4月2日头版

在2013年4月2日出版的某报头版上出现了如此一幕。试问如此具有"视觉冲击力"的版面会让读者有何感想，尤其是女性读者又会有何感想？无疑会遭到广大读者的一致批评指责。在版面上出现了如此格调不高的图片，虽然具有极强的视觉冲击力，甚至可能满足了一部分读者的视觉需求或猎奇心理需求，但从版面编辑职业道德素质的角度来看，其忽略了广大受众的心理感受，是对于女性朋友的极不尊重，更是对于自身职业道德素质的不负责任。这样的版面处理直接凸显出来的就是版面编辑的道德素质缺失。

第三节　编辑思想与业务素质

作为数字出版时代的版面编辑，其业务素质将在以往选稿、改稿、配置稿件、设计版面四大基本功的基础上有新的改变和提升，变单纯的版面编辑为全能型的编辑。

2011年，国家新闻出版总署发布的《数字出版"十二五"时期发展规划》，明确了将大力发展数字出版产业提升到向新闻出版强国迈进的战略任务。同时，移动互联网技术和移动终端技术创新，为数字出版发展带来了新的发展空间。2012年全球范围内以电子书、平板电脑、智能手机为代表的三大移动数字阅读产品将带动以移动设备为载体的移动阅读和移动出版飞速增长。数字阅读物在移动设备上进行全方位交互，采用重力感应、多点触摸、手势识别等操作方式，展现动态效果，与阅读者互动，体验阅读随触可及的新感觉、新潮流。移动出版和移动阅读正改变着人的生活和阅读方式，这一改变也警示着我们的编辑要在业务素质上有新的提升和改进。

编辑是出版的灵魂，这是所有出版人达成的一致共识。数字出版时代编辑要迎合现代市场经济和传媒产业化发展的需要，版面编辑要将选题策划、采编、出版与发行相融合，这是数字出版时代对编辑提出的新要求。那么，新形势下版面编辑要具备什么样的基本业务素质呢？

一、编辑要准确认知"版面语言"

版面语言是版面编辑在版面操作过程中表达思想的手段，以往对编辑和设计的理解是割裂开的，没有尊重版面语言，而是靠记者、文字编辑、版面编辑三方各自为营这样一个三足鼎立的方式来维系，并没有处理好出版流程中微妙的协作关系。数字出版时代，真正合理的版面语言一定会是团队整体素质的体现，是一种将三维的形式设计与线性的文字语言并列在一起，并融合在一起的新的视觉语种。

版面语言的基本表现形式包括版面空间、编排手段以及版面的布局与结构。从新闻编辑学的角度看来，长期的版面编辑工作及研究，编辑语言已经形成了相对完善、固定的理论架构。版面语言的版面呈现形式是相对固定、统一的。但在版面编辑过程中的具体应用则可以灵活使用，呈现出丰富多彩的样式。以版面中标题的制作为例，作为字符标题在版面上的表现与变化集中体现在对字体和字号的编辑上。同一个版面上大标题与小标题的字号可以区别于正文的字号，以大标题的字号为大，而在众多篇文章中又以头条文章的标题字号最大，字体最为厚重（时政新闻、社会新闻版面上最为明显），其目的就是以此来体现和区别出文章之间的价值差异。再如，不同版面之间的字体运用也存在着明显的差异（主要集中体现在标题的编辑上），以时政新闻版面和娱乐版面来对比。时政新闻版面上的标题对于字体的使用相对单一，主要以黑体字系列为主，如黑体简体、大黑简体、大标宋简体、超粗黑简体等。这些字体给人一种端正大方、严肃沉重、雄浑有力的感觉，暗含着客观公正、意义重大、突出强调，能够让受众引以为重。（见图1-5）娱乐新闻版面内容相对于时政新闻版面而言，相对轻松、愉悦、休闲，所以在字体的选择与使用上相对自由，形式上可丰富多样，如琥珀简体、行楷简体、综艺简体、华隶简体等。（见图1-6）

　　数字版面编辑是一个复杂的易变系统工程，要在各种变化之中正确处理系统的各版面语言之间的各种关系。

图1-5 《新快报》[1]2014年3月9日A01版

图1-6 《新快报》2014年3月9日A13版

二、编辑要具备品牌塑造意识

　　版面编辑是报媒软实力的最终体现。作为"全能型"编辑的版面编辑在版面编排过程中，应力求做到求异、求易、求意的视觉表达。求异，即在版面编辑中要标新立异，与众不

---

[1]《新快报》是由羊城晚报报业集团主办的省级大报，1998年3月创刊，是国内第一份实现全彩印刷的大型综合性日报，日均4开87版。目前为广东三大都市报之一，连续多年荣获"全国都市报20强"称号，先后做出了一批极具影响力的新闻报道。

同，形成本媒体的独特风格。求易，即在版面编辑中，不停留在程式化设计中，既要顺其自然又要别有风味。求意，即在版面编辑中，既要追求创意，又要追求版面意蕴，有内涵。长此以往，可以逐渐塑造起报媒的品牌，成就一种无形的价值。

三、编辑要具有广阔的知识视野

新媒体时代的到来，尤其是进入数字出版时代以来，对版面编辑的要求也随之提高。概括说来，数字出版时代需要一种具备较高综合素质的复合型编辑。即新闻信息采编、稿件写作、稿件组织、稿件选择、稿件修改、稿件配置、新闻图片选择与编辑、版面的设计与制作能力集于一身。所以，在这种形势下版面编辑必须具有系统的学科知识体系作为支撑。随着时代的变化，版面编辑需要不断加强学习，不断开拓知识视野。

版面编辑的工作性质具有一定的特殊性。首先，版面编辑的工作有着严格的时间限制性，往往是时间紧任务重。因此，版面编辑必须在较短的时间内集中调度所掌握的知识，以此保证独立完成版面的编辑。其次，报纸作为信息传播的媒介，其涉猎的内容非常广泛，可谓无所不包，无所不容。所以，版面编辑要力求做到博览群书，使自身知识面宽之又宽，唯此才可能对版面稿件准确做出价值判断，唯此才可能寻求到准确的版面表现形式去体现报道思想。

版面编辑对知识的学习不应仅仅停留在与新闻传播相关的知识上，还要多了解与受众心理学、美学相关的知识，并将此运用到实际的版面编辑工作中。

四、编辑要具有创新意识

数字出版时代版面编辑必须具有与时俱进的版面设计理念。版面的编辑不是简单的技术操作，也不是纯粹的新闻产品与视觉艺术结合的关系，而是立足于视觉传达、受众心理、媒介运营之上，对信息传播、视觉感受、阅读心理、品牌特色、文化品位的整体塑造。版面编辑必须从这个高度上来认识版面编辑工作并在具体工作中进行实践。

数字出版时代，为了实现新闻产品传播的新闻价值、社会价值及文化传播价值的最大化，需要版面编辑通过对版面空间、编排手段及版面元素的灵活运用进行创新。没有探索就没有突破，就没有创新。版面编辑只有不断探索，勇于创新，报纸才会有生命力、有竞争力，才会在竞争激烈的新媒体环境中有一席之地。

【延伸阅读】

报纸版面设计对新闻信息传播的影响 [1]

文/亓怀亮

摘 要： 伴随着时代的进步，我们已经步入了信息传媒时代，我们对新闻信息的需求越来越大，进入二十一世纪，世界报业正面临着急剧的变革，激烈的新闻竞争促使各新闻媒介不断创新，而报纸版面的改革和创新自然是报业应对竞争的重要举措。在信息

---

[1] 本文已于2012年刊发于《新闻天地》第94期。

时代的要求下，报纸媒体行业在传播新闻信息的过程中版面设计的作用也越来越大，一个精美、别致的版面设计可以迅速地吸引读者的眼球，将读者受众的注意力集中到报纸上来。这样，一个报纸的发行能否得到读者的认可，一个独具匠心的报纸版面设计具有重要的意义。同时，报纸版面设计对新闻信息传播的速度、影响力、认知力、普及力以及发行量均具有不可替代的重要作用。

关键词：报纸传媒；版面设计；新闻信息；传播影响；风格特色

报纸版面是报纸内容的艺术表现形式，报纸是否吸引读者，能否在受众中间抢眼夺目，很大程度上取决于版面。报纸版面设计应与艺术设计结合在一起，以制造精良的画面款式来吸引读者，通过对读者的视觉产生冲击力，利用读者的审美认知来努力吸引读者的视觉，通过利用人的视觉生理和视觉心理，产生强大的视觉冲击波，牢牢勾住读者的眼球。报纸版面设计思想服从于报道思想，并且体现报道思想。

一、当下报纸媒体在传播新闻信息过程中对版面设计的要求分析

报纸媒体的发行量巨大，在我们老百姓的日常生活中也广泛受到关注。这样，对于众多的报纸媒体如何占有市场份额存在着巨大的挑战，所以，一个吸引人眼球的版面设计就非常的重要。一个好的报纸版面设计可以凸显出一个传媒企业的内在精神，可以表现出一个企业的良好工作态度，所以，当下报纸媒体在传播新闻信息过程中对版面设计的要求十分严格。

当下报纸媒体在传播新闻信息过程中对版面设计的要求应该遵循以下原则：创新意识思想要与报纸的版面风格统一原则，即版面风格是由报纸的性质因素决定的，它不仅表现为内容的独特性，而且表现为形式的独特性，报纸的版面设计要凸显出报纸的整体思想特色；坚持营造视觉冲击原则，将最具有视觉冲击力的图片和标题放在版面上部，通过加大头条稿件所占面积、加大头条文字的排栏宽度、拉长头条标题；整齐性设计原则，即在报纸的排版设计时要将文字和图片放置整齐，做到整齐划一，不要胡乱的放置文字、添加色彩，因为我们的眼睛有视觉审美功能，我们的审美能力也会趋向于整齐的事物。

二、报纸版面设计对新闻信息传播的意义

从社会文化出发来研究传播的观点主张，传播活动就实践因素考察，它反映的是人类的深层的社会关系。我认为报纸传媒是信息传输的重要端口，同时报纸也是一种直观的视觉文字传媒工具。精美的版式设计能够刻画报纸的"生动表情"，给我们留下深刻的视觉印象，使报纸充满韵律，在报纸传播的构建活动中，在共享价值的意义结构中，在意义的概念和表述形式中，就隐含着人类深层的社会关系。

人的视觉是趋向于美丽事物的，以报纸广告的信息传播为例子，报纸广告的信息传播是以宣传产品为目的。著名的《纽约时报》就为所刊登的广告制定了严苛的标准，这体现了该报对精品广告的重视，对读者负责的态度，这些品牌与报纸的品牌相得益彰，在设计和编排上，也很大气。精美的报纸版式设计可以有效地增加读者对报纸广告信息的关注度，有了读者关注度的增加才有广阔的市场前景。

所以，内容与形式的统一是创造版面美的前提，版面的美感是通过视觉感受到的，版面中各种视觉因素结合起来，既统一又变化多样，从而使版面既不觉单调又不显杂乱无章，充满灵性、诗意和美感。精美的版式设计对报纸信息传播的重要影响就在于它可以在无形中推动人们对信息的认知能力。

总之，报纸的版面设计对报纸的信息传播有着不可替代的意义，它是一个报纸传媒发展的重要组成部分。灵活运用各种版面元素，对报纸版面进行科学合理的设计，以提升报纸的整体竞争力。

三、当今时代报纸版面设计人员应具备什么样的职业要求

当今时代的报纸传媒行业的版式设计职业人员，要紧跟时代的前进步伐，努力做到与时俱进。报纸传媒行业特点要求报纸版面设计职业人员不能缺乏版面设计方面的系统管理，不能为追求感官刺激，乱用版面元素，乱造视觉中心而导致版面无中心，不能为了追求视觉上的效果，将本该突出的部分弱化、不够分量的部分强化，这是一个报纸版面设计职业人员的基本要求。

一个报纸版面设计人员的素质高低对报纸本身有着重要的影响，当今时代报纸版面设计人员应具备善于交流，勤于沟通，乐于合作，拥有好的人际关系，这是工作顺利，生活开心，事业成功的必备条件。树立全局观念与时俱进，开拓创新，不断地更新观念，以开放的心态接纳新的观念，以求得自己新的进步和超越。

更加重要的是要具备画面审美认知的能力，可以很好地将报纸版面设计与报纸自身的风格相结合。所谓"字如其人"，放大到报纸新闻行业中就是"版如其报"，有什么样追求的报纸，就会有什么样风格的版面，每一种报纸都有自己独特的版面风格。常读报的人，即使把报名盖起来，也能从报纸的版面上判断出这是一张什么报纸，这就是版面风格的力量和作用。

四、结　语

在信息时代的要求下，版面设计在报纸媒体传播新闻信息的过程中的作用越来越大，一个精美、别致的版面设计可以迅速地吸引读者的眼球，将受众的注意力集中到报纸上来。所以，进入新世纪的信息时代，当今的报纸版面设计，是技术与艺术的完美结合，更是报纸产业面向市场、开阔市场的有机组成部分。所以，灵活运用各种版面元素，对报纸版面进行科学合理的设计，以提升报纸的整体竞争力，这是当今报纸版面设计的重要任务。

参考资料

[1] 高瑞. 当前报纸版面设计对新闻信息传播的创新[J]. 中国教育报，2010（6）.

[2] 王薇. 报纸版面设计的思考[J]. 新疆农垦经济，2008（11）.

[3] 刘玉祥. 浅析新形势报纸版面设计发展[J]. 内蒙古科技与经济，2009（10）.

[4] 刘元刚. 报纸版面设计对新闻信息的影响发展[J]. 山东煤炭科技，2009（6）.

第二章 编辑思想的形成

第二章　编辑思想的形成

在上一章中讲到了版面编辑的思想及其与编辑思想相关的内容，透过其中不难发现，编辑思想的存在方能让版面赋有灵魂，编辑思想的存在方能让版面有形有色，编辑思想的存在方能让版面有声有响（声，指版面有花样，吸引受众眼球；响，指版面有影响力）。编辑思想时时刻刻指引着编辑的动作，形成符合数字出版时代版面编辑要求且具有时代与媒体特色的编辑思想，是版面编辑工作的需要，是媒体自身的需要，更是时代的需要。编辑思想的存在绝对不仅仅只为给版面穿上"漂亮的外衣"，而是要让其有美好的"心灵"。

编辑思想的形成，并非只凭借一种主观意识，而是需要通过众多编辑对诸多细节的把控操作让其成形，亦即其形成受到多方面的影响。

第一节　稿件的甄选

传统的版面编辑在编辑工作中主动性不足，其主要任务多是将文字稿件和图片稿件在版面上按照一定的样式拼凑起来，毫不关心内容，这样一来版面显得非常零碎散乱，没有中心，让人看不出版面所要表达的思想，使新闻产品的价值不能得到最好的体现，甚至会造成价值流失，使报媒的采访系统引领编辑系统，报道思想与编辑思想形成了各自独立甚至对立的态势。而如今这种局势已经不能够为媒体本身和受众所接受，亟需改变。如何改变，成为了如今数字出版时代编辑界探讨和思考的问题。本书认为，版面编辑要将内容与形式完美结合，首先要懂稿件，懂稿件方可让报道内容的思想内涵流淌于形式之中。

版面编辑要在字里行间寻找最佳表现形式。通读全文，理解记者、文字编辑的报道思想，以深入解读或延伸新闻本身所包含的深层思想，引发读者思考和感悟新闻。优秀的版面编辑在编辑过程中，总是会依托于内容创造形式。如恰当地整合文章，做到同题集中或同类集中，形式上即为专栏。把内容相近的，或是能明显突出编辑意图的稿件经过修改组合集纳成一个专栏，或是有序地组合到一起，以突出编辑思想。这样的处理可以在内容上形成一种报道合力，在版面形式上形成综合性和整体性优势，使版面视觉冲击力更强，版面强势更突出，使报道思想在集纳与整合中得到升华。

图2-1 《光明日报》①2013年2月6日04版

【分析】透过图2-1可以看出该版面为典型的专题版面，在内容上版面编辑对自然来稿进行了梳理和整合，以新颖的形式在版面上加以体现，即反映出了重点，又突出了中心，形成了强有力的报道合力，使报道思想得到了最好的体现。

版面编辑对于字里行间的把握不但能够使版面编辑工作得心应手，同时也能够反映出一位版面编辑的良好素质。对于版面编辑来讲，对文字的把握可以分为以下几个方面。

一、了解稿源渠道，辨别真伪

通常来讲媒体的稿源渠道可以分为三类，媒体自身有组织性的稿源、媒体与外界存有合作关系的半组织性稿源和受众主动来稿的自发性稿源。版面编辑对于稿源渠道的了解，可以方便版面编辑在通读文章时辨别文章内容的真伪。真实是新闻的第一生命，真实是新闻报道的生命线，对于记者、文字编辑、版面编辑都是需要时刻铭记的真理。

---

① 《光明日报》，属于光明日报报业集团，是中共中央机关报之一，是由中共中央宣传部直接领导的大型、全国性的官方新闻媒体之一，创刊于1949年6月16日。最初是由中国民主同盟主办，毛泽东、周恩来、朱德等都曾为《光明日报》创刊题词。《光明日报》以知识分子作为读者对象出版，曾广受知识界好评。拥有美国、英国、德国、法国、意大利、瑞士、巴基斯坦等22个驻外记者站，48个国内记者站。并于2010年4月27日入围"文化遗产保护媒体宣传奖"。

二、适当修改，精益求精

版面编辑的本职是编排版面，对于文字的处理主要是记者和编辑的任务，但从媒体信息传播责任的角度来看，作为出版物最后处理阶段的把关人，同样有责任和义务对稿件做最终的适当修改，精益求精，去伪存真，去粗取精。

如2006年6月27日某晚报头版刊登"全国人大审议四部法律，未成年人不适用行政拘留(限制人身自由)"的新闻大标题，却意外漏掉了一个"未"字，反而成为"成年人不适用行政拘留"。如果进行责任界定，版面编辑难辞其咎。因为新闻标题版面编辑是要进行单独制作的，在制作过程中版面编辑没有在意文字内容，只关注处理字号与字体，有不可推卸的责任。

图2-2 ××时报2014年3月9日头版

【分析】在图2-2中，头版大标题"239空乘人员至今生死未卜"存在着明显的问题。"239"人中包括空乘人员和乘客，而不是只有空乘人员，但标题给读者的信息就是只有"空乘"，严重误导受众。因此报纸出版发行后在读者群体中引起了广泛的议论，纷纷表示此处说法不够严谨。作为版面编辑在处理过程中有责任去规避这一明显的错误。

三、配置稿件要慧眼识金

版面上的稿件虽是经过了文字编辑深思熟虑、重重把关审核之后而来，但稿件配置过程中并不能以完整版面的全局观念来形象思考。版面编辑对于这些来稿必须进行新一轮的选择和组织，以版面为整体，充分考虑新闻产品的浅表价值和潜在价值，以如何提高新闻产品的传播价值为目的重新进行选择和组合，力求达到稿件存在与组合的最优化。

在版面的编辑中，视觉设计的实质是以视觉语言"表述"新闻价值。版面编辑首先必须领会新闻稿件的价值，才能选择最佳的表现形式进行具体的设计与编排，将编辑对新闻稿件价值的判断、对新闻稿件本身的挖掘，直接贯穿到版面的设计中。

第二节 色彩的运用

随着科技的进步，为了更好地适应市场需要和满足受众的阅读需求，作为传统媒体的报纸行业也在不断寻求新的发展思路，对于色彩的重视和运用就是最好的体现。数字出版时代报纸的版面设计在版面色彩的运用上更是不断寻求新的突破。版面色彩的合理使用不但可以使版面富有生机与活力，更能使版面编辑的编辑思想变得斑斓多彩。

1992年6月1日，《科技日报》①在内地率先出版了第一份彩色报纸，自此之后中国的报纸开始越来越重视版面色彩问题。

我们先来对比两个色彩鲜明的版面，见图2-3和图2-4。

图2-3 《南方日报》②2010年5月1日头版　图2-4《南方日报》2008年5月20日3C周刊封面

【分析】康定斯基在现代艺术理论的代表作品《论艺术的精神》一书中，将色彩运用类比音乐，在他看来，色彩同样具有音响和旋律效果，可直接达到精神深处。

以上两个版面同是导读版，但版面编辑给予了不同的配色，带给受众不同的视觉

---

① 《科技日报》是富有鲜明科技特色的综合性日报，是面向国内外公开发行的中央主流新闻媒体。报头由邓小平同志亲笔题写。《科技日报》是党和国家在科技领域的重要舆论前沿，是广大读者依靠科技创造财富、提升文明、刷新生活的服务平台，是中国科技界面向社会、连接世界的明亮窗口。

② 《南方日报》是中共广东省委的报纸，于1949年10月23日在广州创刊，现属南方报业传媒集团。2002年8月6日《南方日报》第一次改版，也是变化最大的一次改版，从此版面焕然一新。改版后的《南方日报》是中国省级机关报中版面最多的报纸。改版的同时《南方日报》提出了"高度决定影响力"的口号。

感受。图2-3以暖色调（红色）为主，加以显著的版面文字，可以让读者非常容易地感受、领悟到版面传递出的信息。图2-4以冷色调（黑白色）为主，透过版面色彩让读者感受到一种严肃和沉重，表现"哀悼""坚强"之意，再加以文字的阐释，极好地传达了报道的思想和内涵。

图2-5 《北京青年报》2014年3月9日A03版　　图2-6 《中国青年报》2014年5月6日12版

　　报纸版面色彩的运用已引起了人们的广泛关注和重视，但是，当前报纸色彩运用仍不尽如人意，其中最突出的问题就是人们对色彩运用的规律缺少研究，以至于版面色彩出现或是混乱、花哨，或是显得孤单，或是与内容不符的现象，使得色彩不能够很好地为信息传播服务。报纸版面是一个综合整体，而色彩运用只是其中的一部分，必须服务于版面的整体设计。只有这样，才能收到良好的视觉效果。例如，《北京青年报》[①]　在色彩的运用上可谓

----

① 《北京青年报》是共青团北京市委机关报，创刊于1949年3月，是北京地区最受欢迎的都市类报纸。《北京青年报》现已发展成为一张以青年视角反映时代，面向社会最活跃人群的综合性日报。《北京青年报》平均每日出版50个左右的对开版面，订阅量北京第一，广告收入连续多年位居全国前列。《北京青年报》的起飞始于《青年周末》和《新闻周刊》。

2006年，《北京青年报》开始全面改版，试图打破危机。改版后，版面的结构性调整成果显著，分叠处理方便了读者的定向阅读。从过去的不分叠到现在A、B、C、D、E、F六大叠，《北京青年报》以整齐规范的版组出现，即新闻版组、天天副刊、时代专刊系列即报中报。在新闻的处理上，进行归类组合，"本市、国内、国际、财经、娱乐、体育"各方面的新闻，都各由一个版组来统领。版式上的变化是突出头版的导读功能，把各版组的重要新闻以"消息"或"摘要"的形式放置在头版位置，这种"新闻橱窗"式的做法在国内外报纸已经颇为流行。

"浓妆艳抹"，其版面色彩运用以较为明显和突出的大色块为主，主色调明显，色彩搭配巧妙，呈现出一种色彩艳丽、多姿多彩的风格；《中国青年报》[①] 在版面色彩处理时则与之相悖，可谓"面目清秀"，其版面色调以清新淡雅为主，整个版面呈现出一种端庄大方、朴实庄重的风格。

自从报纸的彩色版面出现以来，人们对版面色彩审美的理解有了更丰富、更深刻的内容。对于版面色彩的运用，应该尊重报纸版面编辑的基本美学原则，不应为出彩而着色。

一、根据报道思想确定版面主色调

版面色彩的运用要与版面风格、报道内容相匹配，同一版面要有主色，通常来讲，作为一个彩色版面主色比例不得少于60%，才可能形成主色调。色调的形成还要受到客观性色彩和主观性色彩的影响。客观性色彩主要指版面中所选用的彩色图片和绘画。一般来讲版面中所选用的图片属于新闻图片，是对于客观现实的瞬间捕捉，是可观事物的真实色彩，版面编辑不可以随便对其进行修改，因此，在此种版面上色彩基调的形成主要依赖于图片本身的色彩。主观性色彩指编辑在进行版面处理过程中通过稿件内容以及受众阅读心理需求来确定的色彩。主观性色彩影响下的色彩基调对于版面编辑而言有更大的主观创造性。

一个版面不能在色彩运用中仅仅依托于主色调，还必须配以相关的同色系颜色，这样才会使版面变得和谐统一，有利于读者理解所报道的内容。同一个版面上，各部分之间的色彩搭配和使用要注意彼此之间的关系协调性。如标题与正文之间字体颜色的搭配，标题与标题之间字符颜色的对比，不同稿件的字符和底纹颜色的对比，文字字体颜色与图片自身颜色的对比等，在色调关系上要和谐统一。

二、版面色彩运用要有"度"

色彩版面时代，颜色的丰富性、多样性成为了一种优势，但运用时同样要谨慎，必须掌握好"度"。彩色版面的编辑用色不求多，而求使用恰当。如果为了让版面出彩而大肆滥用色彩，版面色彩运用过于混乱，会让版面没有色彩中心，同时会变得凌乱，这既违背了版面美学的基本原则，也会使视觉效果变得混乱不堪。

[①] 《中国青年报》是中国大陆具有影响力的报刊之一，创刊于1951年4月27日。是中国共产主义青年团中央委员会的机关报，属综合性报纸，发行对象为青年人，主要为高中和大中专院校学生等青年知识分子。

目前，《中国青年报》每日有七个新闻版和一个副刊版，及时报道国内外要闻和经济、社会、教育、科技、文化、体育以及青年普遍关注的新闻。

《中国青年报》对开12个版（周六周日4版），设有要闻、经济、特别报道、教育科学、法治社会、国际、体育、摄影等新闻版面；有中国新闻名专栏冰点周刊和军事周刊、创业周刊、文化周刊、阅读周刊、汽车周刊、旅游周刊等系列周刊；有青年话题、青年调查、青春热线、共青视点、大学生村官、青青校园、青年企业家、职业教育、数字青年、屋檐下、思想者等具有鲜明青年特色的版面。

三、学会让色彩"传情达意"

色彩本身是一种无声的语言，在版面中起着重要的导向作用。版面色彩的运用可以起到突出重点，强化中心，划分层次，体现思想，吸引受众的作用。将版面色彩的运用和版面稿件、图片的选择与运用、线条的使用等有机结合，可以使版面既体现出和谐的结构美感，又渗透出起伏不断的节奏韵律。（见图2-7）

【分析】

图2-7是一娱乐版面，娱乐版面所涉猎的内容多为娱乐圈的事件。在表现形式上，强调故事性、情节性，适度加入人情味因素，强化事件的戏剧悬念或煽情、刺激的方面，走新闻故事化、新闻文学化道路。从版面编辑的角度讲，娱乐新闻版面形式一般较为灵活、多变，色彩运用也较为丰富，能够对内容报道层面起到很好的传情达意效果。

图2-7 《新快报》2013年6月6日B01版

第三节 审美意识的塑造

爱美之心，人皆有之。人类从未停止过对于美的追求和创造，古有《诗经·卫风·硕人》中形容女子娇好的诗句"巧笑倩兮，美目盼兮"，这样的女子无疑是备受瞩目，更令人心动不已。就当今数字出版时代的报纸版面而言，若有一副"娇容"自然能更好地完成自身"使命"。当然，作为信息传播媒介而言自然是"天生丽质"最好，即凭借好的内容，正所谓"内容至上，内容为王"。但在如今复杂的媒体环境下的受众对于美的认识和理解更为深刻和丰富，对于美的追求更是无止境，所以内容好的同时还需要版面编辑为其添置美丽的嫁衣。

在受众需求、科技进步、媒体之间竞争的促使下，报纸对于美的追求也从未间歇过。从版面尺寸的大小各异，到如今统一为大报、小报两种基本规格，从版面尺寸比例中寻求一种美感。从之前对于字符的处理相对单一，到如今对于字符处理有了明显的差异化，也是在追求美感。从之前版面形式相对简单，到如今版面编排手段日渐丰富，更是在追求美感，如线条有了水线和花线之分，色彩越来越丰富多样，图片的选择和使用越发体现出其从配角到主角的地位变化等。从之前版面样式相对固化，到如今版式愈加多变，同样是在追求美感。

版面要好看，要真正具有美感就要做到版面形式与版面内涵一致。版面形式，指作为数字时代的版面编辑，要紧紧地抓住读者眼球，除了强大的内容之外，版面的结构形式也十分重要。版面内涵，指作为数字时代的版面编辑在版面编辑过程中，要充分利用好版面语言，对各个版面要素进行充分设计，既要展现出形式上的美感，又要折射出版面编辑的审美意识和美学价值观，让版面有"态浓意远淑且真，肌理细腻骨肉匀"的好面孔，想方设法增加版面的阅读感染力。

图2-8 《晶报》① 2014年4月16日A01版　　图2-9 《东方卫报》② 2014年2月24日A01版

【分析】图2-8和图2-9中的版面作为当今新兴的都市报纸的头版，在版面设计上体现出了与众不同的设计风格，具有较强的视觉冲击力和感染力。首先，两个版面都大胆

---

① 《晶报》是深圳的新兴媒体，于2001年8月1日创刊，是深圳报业集团创办的一份新型新闻综合性日报。《晶报》每日出版四开32版以上，彩色印刷，初期随《深圳特区报》配套发行，并进入零售市场。作为一份崭新的城市报纸，深圳《晶报》导入国际平面媒体前卫版式，追求清新明快、疏密有致的风格，引领21世纪平面媒体新潮流。（内容来源：http://www.bangxun.net.cn/kanli_jj.asp?id=414）
② 《东方卫报》，南京报业集团旗下知名都市报，办报理念为"轻松前卫，领跑未来"，于2006年5月正式全新出刊。分为A、B两大板块，4开16版彩色印刷，以丰富多彩的内容宣扬法治精神、服务广大读者。设有"独家采访""当事人""重案直击""生活与法""警方新闻""法治新闻"等新闻专版，以及"卫报读者""服务超市""交通""驾友"等服务专版。（内容来源：http://www.mjceo.com/newspaper/4341/introduction.html）

使用图片，且比例较大，几乎占满整个版面，将图片提升到了主角的位置。其次，色彩搭配可谓精巧，色彩对比鲜明，形象性强，表现直观，直击重点。再次，在版面字符的处理上恰到好处，字号使用"号外"处理，运用相对厚重的字体。这样的版面让读者一目了然，称得上是有品位的版面。

作为一份报纸的头版（导读版），赋有较高的审美价值，彰显出了版面编辑的审美修养。这样的版面具有极强的吸引力，可以第一时间将读者的眼球抓住。

一、编辑的审美意识与受众心理

心理学告诉我们：人们认识自然、认识社会，总是从感觉到知觉。感觉是某一客观事物直接作用于人们的感觉器官，而在人脑中产生的对该事物的个别属性的反应。感觉是知觉的基础。（杨鑫辉，2001）读者是媒体服务的对象，是信息传播的接受者，更是数字媒体版面这一文化产品的消费者。作为报纸媒体，版面是读者第一眼接触到的对象，因此版面在传递信息的同时，还要给予读者美的享受，满足受众复杂的信息心理需求。

受众是一个相对复杂、多变、易变的因素，作为信息传播者，只有对受众进行充分的了解、分析和把握，才可以更好地做好信息传播工作。受众群体的知识背景、社会背景、年龄差异、职业结构、文化素质、经济收入水平、对于文化产品的消费心理等因素都会严重影响到报业的发展。

在如今这样一个受众心理日益复杂多变，且存在众多不稳定因素的时代，版面编辑时刻面临挑战。如果说传统媒体主导信息传播时代的读者对于版面的追求停留在准确报道新闻事实的层面，那么如今的读者对于版面的要求既要追求内容报道的高质量，也要追求版面的艺术性。因此，作为版面编辑要协调好自身审美意识与受众心理的关系。

编辑的审美意识影响信息传播与受众的阅读心理。版面之于读者具有舆论导向功能、吸引导读功能和视觉识别功能。版面编辑水准如何，对于媒体，本身流露的是编辑方针与编辑宗旨的特色，对于读者，折射出的是信息传播态度、情感和审美意识。编辑审美意识对于受众阅读心理的影响具体可以体现在稿件的结构与版面形式、标题的制作、新闻图片的选择与编辑、色彩搭配、版位划分等方面。

受众在对新闻报道内容作出知觉认知之前，通常是通过版面形式获取一种感性的认识，这种感性的认识可以让受众形成一种接受意识，长此以往受众会形成一种视觉依赖。从审美意识角度研究版面、编辑版面，形式上是为了版面更加好看，如对于版面上大与小、疏与密、明与暗、深与浅、曲与直的恰当对比处理，可以给读者强烈的视觉反差，产生震撼效果，让读者从形式中产生一种心理上的"波澜起伏"，让读者久久回味。

一个具有较高艺术水准和审美品位的版面，可以准确表现出媒体本身的价值取向，最大限度体现所报道内容的新闻价值、社会价值和文化传播价值，可以吸引受众主动去阅读，指引读者深刻理解所报道的信息内容，直观领悟所报道内容的思想内涵。此外，信息时代的读者逐渐趋于速变群体，对于信息的接受倾向于浏览式，在浏览中寻找适合自己阅读需求的版面内容，因此，一个富有艺术审美价值的版面，可以刺激受众的视觉神经，引领读者作出准确的价值判断，选择最佳的阅读版面。

【版面欣赏】

图2-10 《新滁周报》2014年1月31日

图2-11 《新滁周报》2014年1月31日

图2-12 《东方卫报》2014年3月4日头版

图2-13 《新安晚报》2014年3月25日头版

二、编辑的审美意识与人文情怀

人文是中国传统文化的精髓，中国的"文"以"人"为本，"人"以"文"为内质。其核心价值是对人的生命与尊严、意义与价值的理解，是一种高尚的、高雅的、具有文学修养和较高艺术造诣的情怀。基于人文情怀，可以对一切文化产品、文化行为作出准确的价值判断，并寻求到恰当的文化呈现形式。

版面的形式美是版面编辑审美意识的外在呈现，人文情怀则是版面编辑审美意识形成的潜在动力与内质。审美意识是版面编辑人文情怀的外在表现形式，而版面编辑的人文情怀则可以丰富其审美情趣和文化品位，提升人文价值，二者可谓紧密关联。唐代大诗人李白曾在《赠宣州凌源寺仲濬公》一诗中以"风韵逸江左，文章动海隅"来形容文章的优美。基于版面编辑的审美意识，优美的文章要通过精致的版面体现出来，并应彰显出人文情怀影响下版面的韵律、风韵，以及以人为本的高尚情操。

韵律，在版面编辑中是指视觉的动态表现节奏。在新媒体日益冲击的情形下，数字时代的版面编辑要实现静态版面的动态编辑，让静态的版面动起来，形成版面的"动势"，以此形成一种强有力的视觉吸引力。如版面编辑中"反复"手法的运用。反复并非重复，反复可以形成一种版面强势，反复出现的版面编辑元素表面看似凌乱，但一旦形成韵律可以产生有秩序的美感。如在版面中的同形、同色或相似形、相似色的反复运用可以形成一种特殊美。（见图2-14）

图2-14 《广州日报》[1]2009年3月7日B3版

---

① 《广州日报》创刊于1952年12月1日，目前日均发行量达185万份，是广东省发行量第一、订阅量第一、零售量第一和传阅率第一的报纸。身处改革开放前沿阵地的《广州日报》，还在全国报业市场上创造了诸多奇迹：在全国地方性报纸中最先由4版扩至8版，现在每天日均60大版，还借鉴国际通行的做法，在国内率先推出多叠报纸，多次推出200版、100版特刊。"追求最出色的新闻，塑造最具公信力媒体"是全体广州日报人永恒的信念。

　　风韵，在版面编辑中主要体现在对不同的版面结构手法与组合形式以及版面编排手段的综合运用体现各异风味，以此形成版面的风韵特色，给读者带去一种无形的吸引力。如版面上位置关系的确立、色彩的对比与搭配、形状与形块的差异化表现等。（见图2-15）

图2-15 《广州日报》2009年3月7日A12版

　　版面中的韵律与风韵，是版面编辑审美意识的自然流露，是一种"气质"的映射，而编辑的这种气质与自身的人文情怀是紧密相连的。在这样一种形势下，版面编辑要切实理解版面报道内容本身的内涵与意义，并且借助于版面编辑的各种手法赋予其文化价值和情感意蕴，在形式中传递思想，深化认识，让内容本身透过形式有进一步的价值提升，从而也表现出版面编辑的一种富有人文观念的逻辑意识和情感深度。

　　版面编辑的人文情怀，可以促进编辑对于各类学科知识的学习与积累，对于生活的情趣培养，以及对于人世间美的深切认知。版面编辑应该把版面审美意识的形成、提高作为一种价值追求，在追求中做到切实关切人文，培养情怀，陶冶生活情操，提高人文修养，传承文化，让出自手中的每一个版面都能够引起受众心灵与情感的共鸣，让每一个版面都能够具备一种值得思考的文化内涵。

【版面欣赏】

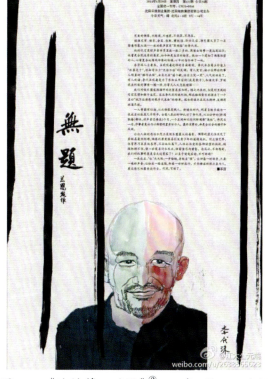

图2-16 俄罗斯《新报》[1] 2014年7月26日头版　　图2-17《地铁第一时间》[2] 2014年3月20日头版

三、编辑的审美意识与舆论导向

舆论导向又称舆论引导，运用舆论的形式操纵人们的意识，引导人们的意向，从而控制人们的行为，使他们按照社会管理者制定的路线、方针、规章从事社会活动的传播行为。具体来说，舆论导向包括三方面内容：① 对当前社会舆论的评价；② 对当前社会舆论及舆论行为的引导；③ 就某一社会事实制造舆论。

版面编辑的审美意识与舆论导向紧密相关。虽然作为版面编辑旨在通过版面形式的设计提升版面美感，给读者一种视觉享受，但版面编辑的编辑职责并不仅仅停留在视觉享受、视觉冲击或视觉吸引力的层面，归根到底是为了更好地服务于报道思想，对读者和社会起到积极的舆论引导作用。

---

① 《新报》（俄语：Новая газета，英语：Novaya Gazeta）创刊于1993年，是俄罗斯一份知名全国性报纸，以其对政府的批评而著称。报纸在俄罗斯全境以及部分境外地区发行。目前，该报每周一、周三、周五出版。（内容来源：读报微园）

② 《地铁第一时间》是东北第一份地铁专刊，该报于2012年2月9日试发行，2012年2月14日正式创刊。《地铁第一时间》共24个版、16开张，套版，彩色，包括国际国内资讯、奇闻异事、文艺副刊、城市专刊、赛场直击、娱乐新闻等由沈阳日报报业集团、沈阳地铁集团有限公司倾力打造的栏目。该报的创刊，使沈阳成为东北第一个、全国第十个拥有地铁报的城市。

数字出版时代的版面编辑是在审美意识指导下践行美学原则，力求通过精巧的版面编辑把具有正确舆论导向、高尚道德情操和高雅审美情趣的文化产品提供给读者，让广大的读者乐在其中。如今，媒体之间竞争压力日渐增大，版面编辑在处理版面过程中无时不在求新求异求发展。尽管版面编辑要实现真正的雅俗共赏越来越难，但仍要坚持尊重美的底线和舆论导向原则，避免和杜绝低俗、庸俗和媚俗的"三俗"文化在版面中泛滥，让编辑的职责无从体现，更使舆论导向偏离了报道内容该有的轨迹。

让我们看图2-18这个版面：

图2-18　某报纸2013年6月28日05版

【回顾】

国家新闻出版广电总局对5起报刊刊载虚假低俗内容的调查处理情况予以通报，涉及刊载低俗标题、低俗广告、失实报道、虚假新闻等行为。

2013年6月28日，某晚报刊载题为《李天一他妈的要求高，律师不干了》的新闻报道；（图2-18）2013年9月，某周刊第35期刊载题为《李某某他妈的舆论战》的封面报道。两媒体使用内容低俗的新闻标题，有失社会公德。（来源：中国新闻网）

以上版面在版面显著位置采用了不恰当的新闻标题。虽然标题的拟定不是出自版面编辑之手，但版面编辑在设计过程中通过特殊的编排设计手段对其进行了渲染、突出。从版面形式上来看虽然体现出了"美感"，但实质上却使之错上加错，违背了媒体应有的社会责任意识，背离了舆论导向的基本原则。

版面编辑在设计过程中既是对艺术层面的追求，更是自身的政治素养的彰显，是一种艺术，也是一种政治。一张报纸的新闻舆论导向如何，除了决定于它的宣传内容外，在很大程度上是通过版面形式表现出来的。在报纸版面上，编排稿件的"版面言语"是办报人政治立场、政治观点以及感情和审美眼光的自然流露，这正是版面编辑审美意识下应该坚守的舆论导向性。版面编辑在处理版面过程中要严把文字关。对于出现在版面上的文字要多加留心、留意（尤其像大标题这样的文字内容），在形式上的处理要首先保证内容上的准确。近年来，"标题党"增多，为了增强吸引力而刻意制作标题，而版面编辑在设计过程中切忌毫不在意内容，一味追求所谓的美感而忽略了版面对于审美意识与舆论导向的存在和意义。

此外，版面编辑要严把图片质量关。这里指的图片质量不仅仅是图片的精度与形式，更重要的是图片的内容，即图片本身的内容与文字报道内容是否相符。要时刻抵制在版面上出现低俗化的新闻图片。在图片的搭配上切忌不可为了形成对比的视觉效果而肆意制作，任意为之，以防止出现舆论导向性错误。（见图2-19）

【分析】

图2-19这一版面从形式上看，确实具有一定的视觉冲击力，甚至可以说是有想法的编排设计，但这种编排设计恰恰违背了版面编辑该有的审美价值观和舆论导向性。

这样的图片结合方式，一定程度上满足了部分读者的视觉需求，或者是让部分读者"大饱眼福"，但从职业的角度来看显得低俗、庸俗、媚俗，图片选用与设计、内容本身严重相悖，需要严重警醒，不可效仿。

版面编辑对于版面美感的追求不能凌驾于道德之上，不能违背媒体的社会责任意识，更不能置舆论导向于不顾。受众阅读需求不断提高的今天，数字时代的版面编辑既要适应媒体与受众环境的变化，又要接受受众审美观念的多变以及国外优秀报纸版式的影响，从形式与内容上贴近群众，贴近生活时尚潮流，尊重新闻与传播规律，不断促进版面编辑审美意识的提升，呈现多变的版式、样式，增强版面的表现力，以强烈的视觉冲击力吸引读者，提高报道的艺术水准。

在这个"信息时代""传媒时代""数字时代""消费时代""快餐时代"，知识重构的一大表现是学科知识之间的交互与融合，这就要求数字时代的版面编辑要进一步拓宽知识面，与时俱进，不断更新，提升自身文化素质与修养。同时还要不断建构自己的审美价值体系，树立自己的审美理想，加强自己的审美修养，将个人的审美趣味与时代的生活气息、文化氛围、道德标准等紧密地联系在一起，在传递信息的同时更给读者以美的享受。在审美实践过程中形成自己独特的审美风格和审美情调，提高对美的理解、辨别和评价能力，进而在数字时代的版面编辑中一展风采。

图2-19　某晚报2011年12月3日头版

【版面欣赏】

图2-20《都市时报》2014年7月24日头版

图2-21 《东方卫报》2013年12月9日头版

图2-22 《重庆晨报》① 2014年3月25日头版

---

① 《重庆晨报》是经国家新闻出版署批准创办，由中共重庆市委宣传部主管，重庆日报报业集团主办，是重庆市场的第一份都市晨报；为四开报，版面在32到100多版不定。

图2-23 《京华时报》① 2013年11月9日头版

图2-24 《新闻晨报》② "星期日周刊"
2014年7月20日B01版

---

① 《京华时报》于2001年5月28日创刊,双面彩印4开报。从创刊初期的每日32版,经过几次改版、扩版,发展到每日56～108版。周一56版,周二、周三72版,周四80版,周五84～116版,周六40版,周日24版。每周出版11个周刊,周一《公益周刊》,周二《教育周刊》《健康食品周刊》,周三《旅游周刊》《艺术品投资周刊》,周四《汽车周刊》《金融周刊》《云周刊》,周五《地产周刊》《家居周刊》《时尚周刊》,精分五叠出版(A1叠、A2叠、B叠、C叠、D叠),每周四、周五增加E叠,方便阅读浏览。

2012年5月17日,《京华时报》云报纸全球首发,成为第一家将图像识别技术与纸媒相结合的媒体,彻底颠覆了纸媒的展现形式、传播方式及运营模式,标志着全新云媒体时代的到来。

② 《新闻晨报》是解放日报报业集团主办的一份新颖的综合性都市报,于1999年1月1日正式创刊以来,历经数次改版。目前已经形成独特的风格,是上海早晨零售量最高的日报,也是发行量最大的早报之一。"关注天下大事,关心市民生活"是《新闻晨报》的特色,"追求最鲜活、最实用的新闻"是《新闻晨报》全体同仁的行动口号。目前,《新闻晨报》每天平均出版64版,充分体现了新闻晨报在新闻内容上"最早""最全""最亲"的特点。

图2-25 《城市晚报》①2014年6月15日头版

【延伸阅读】

现代报纸版式设计的视觉语言②

文/刘燕

　　报纸的版式设计对新闻与信息的传播有着很大影响。高水平的版式设计不仅可以强化视觉形象、传达信息、增加报纸销售量，还有助于扩大报纸的影响力，扩展读者群。随着视觉时代的到来，人们在接受信息时更多地依赖于视觉化的语言，这使版式设计的重要性日益凸显。

---

　　① 《城市晚报》由吉林日报报业集团主办，创刊于1983年，原名为《城市时报》，1991年改为《城市晚报》，是吉林省唯一一份省级晚报，也是东北三省创刊最早的晚报，被誉为"东北第一晚报"。《城市晚报》以"主流视野，都市情怀"为报纸定位，目前已成为吉林省内影响力最大的主流都市报。

　　《城市晚报》在吉林省报业市场上开创了数个"第一"：第一家正式实现全彩印刷；第一家实现送报上楼；第一个成立外埠记者站；成立吉林省红色报刊发行有限公司，成为吉林省第一家由报社发起成立的报刊发行公司；第一个成立省外办事处——北京、上海、广州办事处；吉林省首批文化体制改革试点单位；中国住交会主流媒体联盟吉林省唯一成员单位；中国汽车记者协会吉林省唯一成员单位等。

　　《城市晚报》现为周七刊，四开，日均出版56版。2010年8月27日，《城市晚报》进行了全新改版，报型在781基础上加长3厘米，为850型，为当今都市报最流行的黄金报型。

　　② 本文已于2012年7月刊发于《青年记者》。

一、内涵界定

报纸版式设计是指视觉元素在版面上的排列组合，是一种具有个人风格和艺术特色的视觉传送方式，也是现代设计艺术的重要组成部分。

报纸版式设计的主要作用是根据审美规律和信息内容，将文字和图像进行排列组合实现有效信息传播。优秀的版面设计除了给人美的享受外，还具有吸引观众眼球的作用。随着市场竞争日趋激烈，报纸要想在市场上有较高的占有率，就必须在版面设计上下工夫，通过版面设计突出主题，增强报纸的吸引力。[①] 因而，在报纸版式设计中，应遵循人们的心理和视觉规律，注意虚实与留白、节奏和韵律、对称和均衡等，合理应用点线面、黑白灰等符号和颜色元素，使读者轻松、流畅、便捷地浏览版面信息。

在版面设计中，个性化的外观设计常常能产生独特的视觉效果，因为版式设计是一门诉诸人的感官的艺术，它可以从色彩、意蕴、形式等方面吸引读者。情感是决定购买行为的主要动力，醒目的标题、绚丽的色彩、令人陶醉的意蕴美，必定能够激发消费者的购买欲望。

二、基本原则

版式是报纸内容的表现形式，它对报纸质量有着重要的影响。报纸版式设计有一定的规律，也需要符合一定的原则。受印刷技术、排版技术的影响和制约，报纸版式设计应遵循新闻传播的一般规律；现代社会人们生活节奏加快，人们获取信息的方式主要以浏览为主，这要求报纸版式设计应体现方便阅读的原则；随着时代的变迁和人们审美观念的改变，版式设计还与公众的心理、审美观和价值取向有着密切的联系。因而，从总体上讲，报纸版面设计应当遵循以下三个原则。

1.新闻原则

马克思主义新闻观认为，新闻工作关系到国家的政治安定，是一项重要的政治工作。新闻价值取向体现着党的方针政策、影响着社会舆论的导向，因而，新闻宣传应弘扬主旋律，进行位置、标题、色彩等方面的版面处理，以便更好地发挥对舆论的引导作用，服务于经济与社会的发展。[②]

2.方便阅读原则

心理学研究表明，在水平方向上人们的视线是从左往右移动，在垂直方向上视线往往是从上向下移动；不同的字体往往具有不同的视觉动向，长体字有上下流动的感觉，扁体字有左右流动的感觉。因而，在进行版式设计时，应依据不同字体的视觉动向进行组合处理，充分考虑受众的阅读心理和阅读习惯。在编排文章时，行文应避免繁杂凌乱，使人易读、易懂，方便快捷地传播信息。例如，在设计时应采用分栏模式，一栏的字数在15个字左右。在社会节奏加快、信息过剩的时代，报纸排版也应不断突破和创新，要力求版面简洁，用简单明了的正方形、长方形版面代替穿插式版面。[③] 此外，在设计中应根据新闻学的区序理论，将重点文章放到醒目的位置，使之位于版面的视觉中心。

3.美学原则

报纸版面设计是一项综合性的创意活动，属于平面设计的范畴。好的报纸版式设计使人感到轻松、简洁、醒目，传递出一种美感。如果版面设计不合理，横竖错乱、穿插套拼，必然会使读者产生厌烦心理，影响阅读效果。因而在报纸版式设计中，应将对比、韵律、动感、平衡等作为设计的标准。对比是静态中的动态，是一种流动美。版面设计中通过文字、图片、装饰符号的编排，使之产生强烈的对比。例如可以用疏密、张弛、轻重、薄厚等体现版面的变化。在平面设计中，平衡是单纯元素组合，是一种最基本的审美感觉。平衡包含对称的平衡和支点的平衡，对称讲究点线面的平衡与左右关系的协调；支点平衡主要体现在图像大小对比平衡、面积形状平衡、色彩平衡等方面。有规律的变化和排列会形成一种韵律感，产生一种视觉美。如果版式排列次序性较强，就会形成一种安静而舒缓的美。

三、视觉语言

报纸版面是读者的视觉空间，在这种视觉传达的过程中，色彩、图像、文字等艺术语言均以符号的形式呈现在读者眼前。符号学家艾柯曾经说过，"观念是事物的符号，而图像是观念的符号。"因而，如何高效利用视觉符号成为报纸版式设计的核心问题。

1.图像语言

图像在报纸版面中占据重要位置，直接影响着版面设计的效果。首先，图像符号能表达出一种客观性和现场感。在报纸新闻中，摄影记者可以将从新闻现场拍下的图片进行剪裁，然后应用于版面之中，这些图片承载着新闻事实和思想内容。同时，图像有形式简洁、表达能力强、能够吸引读者眼球的特点。在信息时代，由于生活节奏的加快和信息过剩，受众养成了一种"读图"的习惯，这种阅读倾向性直接影响着报纸版式设计，图像的重要性日益凸显。[④] 此外，图像既有动态感又有静态感。动与静是矛盾的统一体，图像的这种特性使其优越性远远高于其他报纸版式符号，因而，在现代版式设计中占据重要的地位。

由于图片的可视性效果重于文字，在安排图片时，应该尊重视觉规律，按照视觉走向和艺术效果原则安排图片位置，实现思想性、艺术性、新闻性的统一。此外，图片设计应与整体版式相适应，不能过大或过小；应该按照"视觉趣味中心"的原则来安排图片，使图片拥有更多的新闻和美学价值。

2.色彩语言

色彩是报纸版面设计中重要的视觉语言。不同的色彩会引发不同的感受和感情倾向，如果版面呈现出和谐统一的色彩，就能获得读者的心理认可。自从彩印技术与设备诞生之后，报纸就告别了黑白时代，进入彩色时代。彩色报纸更具有现代感、更加醒目，更容易被人接受，因而其吸引力远远高于黑白报纸。

在色彩的运用上，应把握版面主色调的统一。每种报纸都应该有自己的色彩基调，应该有独特的媒体理念和市场定位，把握读者的审美心理。同样，版面的整体色彩也应该根据版面风格和定位来确定主色调，主色调应占据版面的大多数，同时配以相邻的颜色，从而给人一种和谐统一的感受。

在色彩的运用上，应追求一种节奏感和韵律美。在版式设计中，色彩与文字、图形有着密切的联系，是相互依存、相互配合的，它们共同表现出版面的节奏和韵律。因而，在设计中，应该用色彩体现这种节奏感和韵律感。同时应通过色彩的对比和反差来表达感情，产生良好的视觉效果；应充分考虑色彩的种类、黑白灰等色彩的关系，字的大小、线条的粗细等，通过各种色彩的搭配，产生一种和谐的效果。在版面色彩运用上，要大胆创新，体现个性色彩，打破现有的模式。

3.文字语言

文字是报纸版面语言的"主角"，是报纸版式设计中最重要的符号语言。没有色彩和图片，报纸仍然可以是报纸；但是，没有文字，报纸就无法很好地传播信息。文字的基本元素是点和线，正是这种点与线的组合构造出了千姿百态的汉字，因而汉字可以称为平面设计的精品。标题是文章的"眼睛"，是传达报纸信息的主要途径，故标题设计是报纸版面设计的核心。在当代报纸版式设计中，标题在形式上有纵、横、拐、跳等诸多讲究，多种形式的应用有助于表现自然与圆润的特色。如宋体字寓刚于柔，有鲜明的严谨性；楷体清秀明丽，有典雅感；隶书舒柔平和，有平稳感；行楷朴实舒展，有飘逸感。根据这些字体的特点来设计版面，以形成报纸版面的独特风格。标题有强调和提示文章内容的作用，因而，字体的大小、色彩的安排都应该以读者的需求为标准。

在长期的发展中，报纸版面设计形成了不同的风格。醒目、瞬间吸引力是现代报纸版面设计的基本追求，绚丽的色彩、黑重的标题等可以产生强烈的视觉冲击力，展现出生机勃勃的现代气息。在现代报纸版式中，图像、色彩、文字的视觉语言共同形成了版面的风格，要创造出新的版式设计风格，应从以下几方面来把握：一方面应精选报纸的内容，削减报纸的信息量，将大版面逐步小型化，以满足读者的阅读需求；另一方面，应突破传统的设计理念，对版面进行精心设计，对照片进行认真处理，充分利用设计空间。目前较成熟的报纸设计版式有"模板式"和"格子式"两类，前者是将文字编辑成规则的正方形、多边形等，然后配上醒目的围框；后者是以自然分栏划分文章区，一般不出现破栏、交叉的现象。这两种版式都体现了当代报纸的美学思想，有美化报纸版面的倾向。

现代报纸设计在风格上逐步趋向多样化发展，标题样式、图片等视觉元素日益成为人们关注的焦点，这也为报纸版式设计注入了新的活力。注重图像语言、色彩语言、文字语言的综合性运用，形成"模块式"设计、"图像化"设计、"个性化"设计的现代报纸设计风格，已经成了报纸版式设计发展的必然趋势。新媒体的不断涌现，不断给报纸产业的发展提出新的挑战，为了适应激烈的竞争需求，报纸版式设计应不断创新。

注释：

① 苏延军. 版式设计的艺术化[J]. 青年记者，2012(1)：29.
② 陈建勋. 现代设计元素——版式设计[M]. 南宁：广西美术出版社，2006：17.
③ 陈振平. 报纸设计新概念[M]. 福州：福建人民出版社，2004：78.
④ 芦影. 平面设计艺术[M]. 北京：中国人民大学出版社，2005：121.

（文章来源：《青年记者》2012年7月中）

第三章 文字稿件的组织与选择

第三章 文字稿件的组织与选择

第一节 稿件的源来

稿件的源来大致分为三种：第一种是通讯社提供的稿件。这种稿件虽然准确性很高，也有一定的质量，但是这个属于同时提供给多家新闻单位选用的通稿，想要靠这个抢头条基本上不可能。而且，这类新闻稿件并不适用于每家报纸的需要，存在与报纸本身的定位不符合的可能性，就算确实具有新闻点，但是让原稿件与报纸交融的过程也会很费时费力。举个例子：你身为一名生活服务类周报的编辑，在出报的第二天通讯社提供了一个关于财经类的重大新闻，十分具有爆炸性。现在遇到的问题是，因为下一次出报已经是6天后，到时候这条新闻极有可能已经变成"旧闻"了，而且一个生活服务类的报纸到底需不需要刊登这类财经新闻也是编辑要慎重考虑的一个要素之一，如果需要的话，要怎么才能让它变得可读性更强，更适合刊登在一个生活服务类的报纸上，这些都需要编辑具备高度的新闻敏感性。当然，这涉及稿件修改的问题，我们在本章第三节会专门谈及。第二种是本报记者提供的稿件。这种稿件与本报的对接度很高，因为是本报记者深入一线采访后根据报纸本身的特点写出的文章，准确性也很强，在使用其稿件时也更加贴合报纸的需要。但是由于报社记者的人数有限，稿件在数量上不一定能满足编辑在版面编排上的需要。第三种是通讯员和其他作者提供的稿件。这类稿件在选用时往往最受编辑欢迎，同时也最让编辑头疼。一般来说，由于通讯员和其他作者的分布较之本报记者更广，接触范围更大，稿件的内容也更为精彩且可读性强，但是这样一来，稿件的真实性就需要编辑去推敲了。因此，编辑对发来稿件的通讯员一定要知根知底，以免在未审核真实性的情况下爆出一条大新闻后，背上造假的骂名。

第二节 稿件的选择标准

再优秀的稿件都必须先通过两点要求，才能考虑其本身的质量优劣。第一点即符合国家的方针政策，第二点即新闻本身必须具有真实性。

一、政治性

新闻媒体要"服务于党和国家工作大局"，是党的喉舌，因此编辑在履行自己的职责时，首先要考虑到的是政治责任和社会责任，这是重于一切的。其次才是自己的专业职责。再次是自己对具体服务的传媒的职责。最后才能考虑个人的利益。

党中央关于马克思主义的实事求是、一切从实际出发的思想路线，关于社会主义初级阶段的基本路线，以及党和政府有关部门依据上述路线所制定的一系列方针政策，是编辑审查稿件内容是否符合要求的重要依据。稿件所写内容如果与上述路线方针政策的基本精神相违背，则不能选用。

根据宪法、刑法、民法及其他有关法律的规定，下列两类是禁止刊载的内容。

（1）属于危害国家和社会方面的：反对中国共产党的领导，煽动推翻无产阶级专政的政权和社会主义制度的；主张分裂祖国和破坏民族团结的；煽动闹事，扰乱社会秩序的；煽动群众抗拒、破坏国家法令的实施的；传播谣言的；传播淫秽的；传播犯罪方法、教唆犯罪的；泄露国家机密的。

（2）属于侵犯公民人身权利和民主权利的：诽谤——故意捏造事实，羞辱他人的；侮辱——故意用下流语言，羞辱他人的；侵犯隐私权——未经本人同意，公布私人生活方面的秘密，如公布他人的信件、日记。

二、真实性

真实性是新闻的生命，在新闻报道中，每一个具体事实必须合乎客观实际，即表现在新闻报道中的时间、地点、人物、事情、原因和经过都经得起核对。事实第一性，新闻第二性，事实在先，新闻在后。新闻报道要用事实说话，寻找和求证不仅仅是记者的任务，同样也是编辑必须担负的责任。虽然几乎每个记者和编辑都知道真实和准确的重要性，但每年新闻界的虚假失实新闻仍然层出不穷：千年木乃伊出土后怀孕、《背影》落选新教材、华南虎事件、纸馅包子、史上最恶毒后妈、金庸去世、鲁迅作品大撤退，等等。因涉及新闻敲诈、有偿新闻和虚假新闻等问题，2013年以来全国已有216家违规报刊被查处，49个记者站和14 455个记者证被注销。虚假失实新闻不仅对记者、媒体整个行业的公信力造成了负面影响，也会影响到我们社会的健康发展。因此，编辑在稿件选择的过程中必须将真实性放在首要考虑的位置，切忌为了博得读者的眼球而一味追求所谓的头条新闻去刻意捏造、歪曲事实。

2003年3月31日，广西某报发表了一篇1 500字的通讯，题为《白天街边讨钱晚上抽烟喝酒——龙城不少乞丐活得"滋润"又"潇洒"》，全文详细地叙述了作者对广西柳州市街头乞丐的"暗访"经过，有详细的时间、地点、人物，描写得惟妙惟肖。

文章说，记者上街所看到的乞丐，"白日：可怜兮兮"，"夜间：吃喝嫖赌"。一个自称"沈××"、双腿都截肢的中年乞丐，"许多路人不断地往他面前的黄色塑料袋放钱。笔者旁观的十几分钟内，'沈'就已经收获了不下20元钱。""而在龙城路的天桥转角处，一个断臂中年残疾人面前的黑色塑料袋则摆满了一张张一元的人民币，他则很舒服地抽着烟。"

到了晚上，记者跟踪到"柳州火车站附近一条巷子内的××旅社。刚走到巷子口，就看见下午在工贸大厦门口拿破铁罐讨钱的那个中年残疾人，正和一个朋友在露天大排档喝酒，桌上摆着四盘菜，看来他的晚餐相当'丰盛'"。报道借一个糖烟店老板之口说："这些人活得比我们一般人都要好"。老板还说，"××旅社内有几个暗娼，专做另一家旅社那些残疾人的'生意'，有时候甚至会出现几个暗娼抢一个残疾人的情况。"

文章刊登后，全国不少媒体及网站纷纷转载，并冠以《柳州乞丐生活写真：白天讨钱晚上吃喝嫖赌》等耸人听闻的标题，影响很坏。

不过，记者以及报道在媒体上的"风光"，迅即被现实中的尴尬所淹没。文章刊发次日，一群乞丐集体来到报社表示不满。他们多是身有残疾的外来人员，以乞讨为生，有的挂着拐杖，有的撑着代步的板车，艰难地来到报社，并长时间滞留，要求报社对柳州市街头的乞丐生活重新作深入调查，还原他们的真实生活。他们提出这样的要求，一方面是为了消除社会对自己所属群体的偏见、误会；另一方面也表明了他们也有尊严，难以容忍明显偏离事实的新闻报道，以及他们对真相的追求。

由于该文所描写的各项新闻要素"齐全""准确""真实"，文中所述人物特征也与该地的乞丐基本吻合，一时几乎蒙骗了所有人，都认为这是一篇真实的社会新闻报道。后来经过调查，发现该文与网上一篇题为《乞丐并非都值得同情》的随笔基本相同。唯一的区别在于，该随笔没有注明时间、地点，唯一提到的乞丐则是"李某"。这篇随笔被直接照搬过来，将原本没有注明时间、地点的文字，全部改写为"2003年3月29日""柳州市龙城路""柳州市火车站附近"等，原随笔中提到的乞丐李某，则被改写为"沈××"。这说明，这是一篇彻头彻尾的假新闻。

一篇网上的随笔文章，就这样经过"具体细化"后，摇身一变成为一篇反映柳州街头生活的社会新闻，其虚假报道及偏激导向，造成了极其恶劣的社会影响，严重损害了报纸的声誉。

类似这种街头见闻，在都市报发展早期往往能吸引不少眼球。因其难以核实，往往为一些造假记者提供了活动空间。编辑在处理这类题材的时候，应该多长几个心眼。比如，上述报道中关于残疾乞丐大吃大喝、涉嫌嫖娼的内容，是记者"到了××旅社对面的一栋居民楼观察"而来。不是近距离观察，怎么可能看到那些类似电影镜头般的画面？如"一个大约20岁的年轻女子还走进房内，坐到'一只手'的大腿上，亲昵地看着'一只手'打麻将"，"××旅社又传来了麻将声，里面还隐隐约约夹杂着'一只手'粗鲁的叫骂声"，等等，都有破绽，编辑细心的话就可识破。

作为新闻工作者，必须时刻牢记自己的使命，必须保持高度的社会责任感，守住最基本的道德底线，不仅要自觉抵制虚假新闻，而且要自觉抵制粗俗、粗制滥造的所谓"新闻"，提高舆论引导能力。

三、稿件价值分析

在保证大方向正确以及新闻稿件内容真实性以及符合国家方针政策的两大前提下，编辑在面对稿件时需要对稿件进行分析，考虑以下几个方面。

（一）判断稿件版面属性分析

将全部来稿区分为可用和不可用两大类，这是对稿件的第一次筛选，是稿件分析的首要目的。以《新滁周报》的法治版为例，稿源中除了有与"法"相关的，可能还掺杂了别的类型稿件，在第一次的筛选中，通过对标题及稿件内容的判断，首先将与司法相关的稿件集

中，将其他类型的暂时剔除。

- 城管组织党员干部重温经典影片《焦裕禄》
- 整肃"三小车"乱象 打造城市新市容
- 糊涂汉子酒后骑摩托看热闹 民警现场抓现行
- 潘村镇修剪树木保安全（图片新闻）
- 南谯区召开农村土地确权登记试点工作动员会议
- 全椒县人口计生委：四轨并进，开好群众路线计生班车
- 警察看望黄老五（附图片）、学生闹矛盾 七人被拘留等4篇稿件
- 全椒县计生系统党员干部学习弘扬焦裕禄精神 做为民务实清廉表率
- 小U学员，开门有礼：猜中土豪金就是你的

这几篇稿件都是由县市区的通讯员发来的，为追求真实，是笔者从邮箱中随意截取，并没有进行事前的刻意筛选，为的是让读者能够更加直观、真切地从一个正式编辑的角度去选稿。首先，光从标题来看，《城管组织党员干部重温影片<焦裕禄>》一稿与司法相差较远，并不适合"法治"版块，因此需要剔除；《整肃"三小车"乱象 打造城市新市容》中的"三小车"是一种违法现象，该文写的是城管部门针对"三小车"进行依法整治等，与司法有关，暂时保留；《糊涂汉子酒后骑摩托车看热闹 民警现场抓现行》一文暂且不说其内容有看点，光是酒后驾车这一点，就与"法治"版以案例说法律的特色相符，重点保留；《潘村修剪树木保安全》《南谯区召开农村土地确权登记试点工作动员会议》《全椒县人口计生委：四轨并进，开好群众路线计生班车》这三篇均属于政府的工作动态，均需剔除；《警察看望黄老五（附图片）、学生闹矛盾 七人被拘留等》是同一个通讯员发来的4篇稿件，经点击进入查看后，发现只有《学生闹矛盾 七人被拘留》一文尚与司法相关，暂时保留；《全椒县计生系统党员干部学习弘扬焦裕禄精神 做为民务实清廉表率》一文也属于政府工作动态，暂时剔除；《小U学院，开门有礼：猜中土豪金就是你的》就是一个邮箱广告，忽略。（注意：一定要给邮箱进行去除广告的设置，如果邮箱中占据过多的广告会极大地降低编辑选稿的速度与准确度）。

选稿标准具有相对性与绝对性。选稿标准的绝对性即选用稿件的主体不得有违反政策、法令和道德规范等禁载的内容，事实和材料比较充实，具有新闻价值。这是及格线，是任何稿件必须达到的要求。而选稿标准的相对性则是对通过及格线的稿件进行优中选优，这里"优"的标准具有很大的弹性。编辑进行比较的范围和时间是变动的。某稿今天是最优的，明天来了新稿，它就不一定是最优的。

（二）判断稿件价值的大小

这是在已确定适用的稿件中，对稿件的第二次区分。区分各篇稿件所含新闻价值、社会价值的大小。选用时，价值大者优先。仍然以刚才的几篇稿件为例，《城管组织党员干部重温影片〈焦裕禄〉》与《全椒县计生系统党员干部学习弘扬焦裕禄精神 做为民务实清廉表率》两篇稿件，与当下国家积极提倡学习焦裕禄精神这一大方向契合，具有弘扬正能量的作用，都具有新闻价值，但是两篇稿件的精神十分相似，这时就需要编辑来判断哪篇的新闻价值更大了。虽然两篇都是弘扬焦裕禄精神，不过《城管组织党员干部重温影片〈焦裕禄〉》一文中的"重温影片"却显得该篇文章更加有看点。

5月，南京的放射源丢失一事在网络上闹得沸沸扬扬，几天后编辑就在邮箱中看到了一篇以《滁州放射源监管情况调查》为题的稿件，内容如下：

前段时间南京丢失放射源暴露监管漏洞，那么滁州的放射源监管情况如何，记者对此进行了调查。媒体报道，在中国各地的企事业单位，拥有成千上万枚放射源，广泛用于医疗、科研、农业、工业等用途。滁州市环保局辐射科科长黄成正介绍，当地之前曾有一家原子能研究所是大类级的放射源，现在已经不存在，目前的涉源企业主要是四类源和五类源，属于低危险源，不会对周围环境和人员造成大的损伤。黄成正：以前原子能研究所是大类级的放射源，现在已经不存在，已经送走了，现在一般是木业企业的药物剂，过去盐矿核磁称，我们全市有十七八家放射源单位。

黄成正科长告诉记者，对于涉源单位的管理环保部门有相应的规定和管理办法。所有的放射源单位要办理辐射安全许可证，每年还要进行两次固定执法检查及不定期抽查，企业每年也要向环保部门报告年度辐射安全管理评估报告。每年我们技术部门还要进行辐射环境检测，就是放射源周边五六米或者一米处辐射环境怎么样。

同时，除了加强日常的监管外，环保部门还将重点监察涉源单位在设备检修或者节假日停产期间的放射源的管理。而这些监察人员，全部都是经过相关的训练，完全能够做到有的放矢，我们检查的时候还要看其他射源单位的设备检修或者节假日期间对放射源的管理，如果说设备检修，放射源拆下来，要放到专门的仓库里，双人双锁，双进双出。节假日的时候企业里的射源单位要把值班表报到我这里来，哪些人值班的，目的是控制放射源。

这是一篇本报记者的录音稿件转成文字后直接发过来的。首先，标题已经很容易吸引读者的注意了，讲述的是老百姓最关注的事，更重要的是这也是老百姓身边的事，可以说极具新闻价值，说明该记者有强烈的新闻敏感度。其次，这篇稿件的内容简单明了易懂，没有晦涩难懂的专业术语，寥寥数语便清楚地将滁州的放射源监管情况道明。稿件层次清晰，"前段时间南京丢失放射源暴露监管漏洞，那么滁州的放射源监管情况如何，记者对此进行了调查。"一句话简单介绍采访背景，开头直指本地的大类级放射源现已不存在的事实，采访内容穿插得当，层层展开，是标准的金字塔结构稿件，很适用于报纸版面的需要。

（三）发现稿件的潜在价值

每篇稿件都有重点和非重点，这两点的区分不仅仅得靠稿件的作者来定性，更需要编辑自身有发现潜能的能力，以自己的视角去区分重点及非重点，然后突出重点部分，深入挖掘。

近期在邮箱里发现了这样一篇稿件《"酒驾入刑"三年了，你还在"酒驾"吗？》，是全椒交管大队的一名通讯员发来的。从标题来看，这并不是一篇单单叙述某一个事件的稿件，而是一篇将多个相关联的事件集中起来进行论述分析的稿件。稿件内容如下：

自2011年5月1日醉驾入刑正式实施，至今已3年多时间了，随着法律宣传和查处工作的不断深入，"酒驾"的危害性已深入人心，但根据这几年的查处数据上来看，"酒驾"行为在经历了"三连降"之后，今年却突然有了"抬头"之势。以全椒县为例，2011年44起（7个月时间），2012年41起，2013年37起，今年不到半年已经查处了28起，且"酒驾"行为已造成了多起交通事故。为了有效遏制"酒驾"的抬头之势，近期，全椒县公安局交管大队组织警力在辖区内连续展开了多起查处"酒驾"集中统一行动，查处了多起"酒驾"行为。

1."醉驾"摩托车,险象环生

孙某是名瓦工,住在全椒乡下,在城区某建筑工地上班,晚上下班后,他和几个工友在大排档上聚餐,酒足饭饱后,他骑着摩托车回家,一路风驰电掣,险象环生,被交警查个正着。当交警把他从摩托车上"请下来"时,他连步子都走不稳,还需交警搀扶着到了岗亭,一问才知,他们晚上5个人喝了3斤白酒,两打啤酒。经检测,他的血液酒精含量为178 mg/100 mL,远超"每100毫升血液含80毫克酒精以上"的醉驾认定标准,属于"醉酒驾驶",现孙某被取保候审,将以"危险驾驶罪"追究他的刑事责任。据办案民警介绍,在农村地区,酒后驾驶摩托车的现象比较严重,有的人认为"酒驾入刑"只针对"四个轮子","两个轮子"没事,这种认识是错误的,只要驾驶的是机动车,都要追究刑事责任的。

2.实习期内"酒后驾驶"驾驶证被注销

全椒某公司的小王,今年3月才拿到驾驶证,还在实习期,晚上他在一同学家喝了两瓶啤酒后,开着自己新买的轿车带着女朋友去兜风,被交警查到,经检测,他的血液酒精含量为59 mg/100 mL,属"饮酒后驾驶机动车",他被处以罚款1 500元,记12分的处罚,因为他是在实习期内"酒驾"的,民警依法注销了他的驾驶证,小王懊悔不已,还得重新申请学习驾驶证了。

3.大货车司机"酒后驾驶"惨遭降证

全椒人李某某是一名大货车司机,在浙江宁波一家公司开集装箱,一月工资七八千元。这次因小姨子出嫁,他特地从宁波赶回来喝喜酒,晚宴过后,他酒后驾驶一辆从朋友手上借来的轿车带着老婆孩子回家,被交警查到的时候,他自知"酒驾"处罚的厉害,拒不配合民警的执法,百般狡辩,妻子也上前助阵,将民警的警服撕破,最后还四处找人讲情。全椒交警顶着种种压力,在辖区派出所的协助下,最终将其制服,经检测,他的血液酒精含量为72 mg/100 mL,属饮酒驾驶机动车辆,依法被处以罚款和记12分的处罚,同时辖区派出所对李某某和其妻子阻碍执法的行为给予治安处罚。李某某现在是A2证,经满分学习考试合格后,按规定要将他的A2证降级,这就意味着将不能再驾驶大型货车和挂车了。

通览全文,这是一篇很有教育意义的稿件,开头简单介绍了文章的背景,将从2011年到2013年安徽省滁州市全椒县查处到的酒驾数据列出,用数据说明近几年"酒驾"行为有增长趋势。考虑到通讯员的身份,那么以下这句话便是通讯员本身想要突出的重点:"全椒县公安局交管大队组织警力在辖区内连续展开了多起查处"酒驾"集中统一行动,查处了多起"酒驾"行为。"而稿件接下来提到的三起具有典型性的案例便是一种展开叙述。由于通讯员是以一名普通交警的角度写稿,因此稿件在教育众多驾驶员的同时,"被交警查到的时候,他自知"酒驾"处罚的厉害,拒不配合民警的执法,百般狡辩,妻子也上前助阵,将民警的警服撕破,最后还四处找人讲情。全椒交警顶着种种压力,在辖区派出所的协助下,最终将其制服"之类的语句则更多地体现出了民警在工作中遇到问题时的处理方式与艰辛。

身为一名编辑,这种类型的稿件可用性也很强,但是,首先这篇稿件的潜在重点对于编辑来说,并不全是民警处理案件时有多辛苦,也不是查处酒驾时的遭遇有多坎坷,而是如何重点突出酒驾的危害性。其次,该篇文章从标题上来说虽有一种统领分析大局的气势,但是作为一个市级报纸,发行量显然不止全椒一个县,而是整个滁州市地区。这样一来,单是全椒一个县的酒驾案例数据分析就显得有些单薄。如果将眼光放到全市的酒驾案例分析上，那引起的将会是全市数万名读者的关注与重视，稿件的影响力便有了质的飞跃。

因此，有时编辑在面对通讯员提供的稿件时，不能只看表面，要想到如何从平凡的稿件中发掘可读的闪光点，从优秀的稿件中提炼出精华并熔炉再造。

（四）检查稿件有何缺陷

通过稿件分析，将一篇稿件的长处与短处加以区分，以便通过稿件的修改加工，保留和发扬其长处，弥补其缺陷。有这么一篇稿件《丧事现场变武场　动手打人伤心又获刑》，稿件发来时全文如下：

凤阳县法院近日审理了一起故意伤害案件，在丧事办理现场，因为吊唁金给付问题，被告人和被害人发生口角并上演全武行，造成被害人受伤，自己也难逃法网。就因为自己的一时冲动，一个葬礼让自己落得个伤心又获刑。

2013年12月的一天，凤阳县一农民刘某家中亲人去世，按照农村风俗，亲友纷纷前去奔丧，出一些吊唁金以示哀悼。当被告人李某上账时，在丧事现场帮忙的被害人陈某认为，李某出的吊唁金还没有李某家里有事时刘某出的钱多，就对其颇有看法。而李某也对陈某的多管闲事十分恼火，遂在现场发生几句口角。

后来，二人又在丧事现场碰面，颇有不快的二人再次发生争吵并很快动起手来。在双方的厮打中，被告人李某将陈某鼻部打伤。后经鉴定，陈某的损伤程度为轻伤。案发后，双方已达成刑事和解并已履行。

法院审理后认为，被告人李某故意伤害他人致其轻伤，其行为已构成故意伤害罪。鉴于双方达成了和解协议，故法院最终判处被告人李某有期徒刑六个月，缓刑一年。

纵览这篇稿件，其吸引读者的是丧事现场是如何变武场的，怎么会有人在丧事现场闹事打架呢？这点正是稿件最大的卖点，也就是其长处。判决结果虽然很重要，却使得稿件变得冗长。因此，虽然这篇稿件的通讯员来自法院，但是该篇稿件可以将重点放在打架的原因和过程中，结果可以稍微删减，使其精简，突出看点。

（五）确定稿件如何刊用

每篇稿件有自身的优缺点，还要考虑与其他众多稿件同用时的联系及所产生的效果、新意。有这么一篇通讯员发来的关于呼吁赡养老人的稿件，全文如下：

　　　　　"奇葩子"拒养老将她赶法院　"年幼孙"写纸条通风报法官

年过7旬，儿孙满堂，健健康康，合家欢，这算是中国老人幸福生活的最高境界，现在人们的生活条件越来越好，父母与儿女闹到法院为赡养不可开交的事情也越来越少。但少数的"奇葩子"为了赡养老人还是想能躲就躲，能推就推，反正就是不养您。

南谯区章广镇上有位年过七旬的孙老太，自老伴过世后，她便独自生活，随着年龄增长无法再从事重体力活，只有找子女们商量将来的赡养问题。本想养育了五个子女，下半辈子她可不用愁了，谁知除了小儿子外其他四个孩子都不愿履行赡养义务，将她拒之家门，孙老太气急伤心想将子女们告上法院，可自己又啥都不懂，便一大早从农村赶到市区小儿子家，想让小儿子帮帮自己，这会小儿子可不答应了，"出钱大家平摊养您我愿意，想让我当出头鸟可不行，您还是自己去找法院吧"说着便将老人赶出家门，送上三轮车。这谈话间老人的小孙子听的是清清楚楚，怕奶奶迷路便写了张纸条偷偷塞进了老人的布袋里。

老人来到南谯区人民法院后经多番表达，立案庭的工作人员才知道她是来告孩子的，看着老人手中的香蕉想必就是老人的午饭，待老人心气平和后，立案庭的工作人员询问了老人子女的联系方式，谁知除了老人住所外，其他一问三不知，随后立案庭的余庭长和老人居住地的法律服务所取得联系，告知此事，请求给予老人进行法律援助。天色渐黑，因担心老人的去处，征得老人同意后工作人员检查了老人所带的布袋，发现了老人小孙子写的一张布满歪歪扭扭小字的纸条，上面写着老人小儿子的家庭住址和联系方式。余庭长当即联系了老人的小儿子，对其进行了一番教育，并告知此事可以通过法律援助进行诉讼。征得老人小儿子的同意后，立案庭的工作人员找来车辆，将老人安全送回了家。

这篇稿件内容十分能触动人内心的柔软处，狠心的儿子将老母亲"撵"出了家门，而年幼的小孙子却担心奶奶找不到回家的路，贴心的将家庭住址和联系方式用歪歪扭扭的字写在纸上给老人随身携带。这样的稿件十分戳人泪点，老人的儿子已为人父，本应当以身作则，但其竟不如他年幼的儿子。关心、赡养老人是每个人都必须承担的义务，而我们对父母的点点滴滴将会是儿女对我们心灵的点评。有些稿件可以单独使用，但同其他稿件放在一起却能产生更好的阅读效果，其本身价值得到更大的发挥与体现。像这样的稿件如果能在母亲节当天与其他母亲节相关文章一同刊登，想必会比平时引起读者更大的反响、重视，也更具有刊登价值。

稿件分析的目的是从一篇稿件的总体上把握它是否具有刊用价值，这一点贯穿于编辑工作的全过程，编辑对稿件里的每句话甚至每个词语的触动，都有可能影响到稿件自身的重要程度，从而影响到报纸对稿件的使用。充分利用来稿，犹如沙里淘金，是一件有重要意义的工作。一旦发表了，对稿件的作者也是一种莫大的鼓励。

第三节　稿件的修改与配置

作为一名编辑，首先应该具有较强的政治意识、大局意识、责任意识，起到把好第二道关的作用，对所编版面负全责。其中就包括对稿件的修改、版面编排、审阅，对质量和导向把关。

新闻稿件的修改是选择稿件的延续，是对入选稿件的一次全面的再检验。任何新闻稿件在编辑的眼中都是"半成品"，新闻稿件的修改是一个将"半成品"制成"成品"的过程。修改稿件是一种艰苦的劳动，编辑既要考虑作者的心态思路，又得面对读者的要求，还要考虑社会的审美时尚，才能将稿件修改得内容美与形式美、实用性与审美性统一，融传播信息、引导舆论、介绍知识、服务娱乐等为一体，满足社会需要。

一、新闻稿件的修改步骤

新闻稿件修改的方式主要有两种。一种方式是作者修改。编辑对原稿提出需修改的方面，由作者斟酌后自己修改。这种方式可以使编辑和作者进行交流、互动。编辑的意见一方面可以启发作者思路，作者根据掌握的材料可能会有新的补充，从而增加稿件的内涵。另一方面，编辑的意见未必都是恰当的，作者了解实际情况多，可能会有充足的理由证明编辑的意见不妥或不全面，通过双方交流也能给编辑以启发。比如，编辑原来认为修改幅度较大，此时也许觉得修改幅度会较小。或者共同提出修改意见，作者再行修改。通常是对一些时间不很紧迫，又需作较大修改，而且还需补充采访，取得新材料的稿件，采用这种修改方式。而另一种方式是编辑自己修改。这种修改比较快捷，不耽误报纸及时出版。对那些改动不是很大很难，只作个别改动就可以的，或者发稿时间紧迫的稿件，编辑一般是自己动手修改。报纸上的大部分稿件，尤其是消息类报道，都是编辑修改后刊登的。个别稿件专业性或理论性强的，编辑又不甚了解的，可以约请有关专家修改把关，但这种情况不是很多。

编辑对决定采用的稿件进行修改，一般要经过以下三个大方面的步骤。

（一）审读全文，分析稿件

这是修改稿件的基础。只有认真阅读稿件，才能了解稿件的主题、材料、结构、语言各方面情况。掌握这些情况便于分析稿件的优劣、得失，哪些是主要事实，哪些是次要事实，哪些是背景材料，哪些是议论说明，什么是重要的，什么是多余的，什么该补充，等等，对稿件有清楚的认识。审读分析是为了发现问题、解决问题。分析越仔细，认识越完整，下一步修改就越顺利。倘若在未审读全文、分析稿件的情况下贸然修改，事倍功半，甚至会越改越糟。"磨刀不误砍柴工"是很有道理的。对一些内容比较复杂的长稿，尤应多看两遍，认真分析，以免返工更费时间。

（二）设计方案，着手修改

经过对稿件的全面分析，对稿件的修改就会心中有数了。接下来是决定用什么方法进行修改，是校正、压缩，还是改写？时间允许的话不妨多设计几套方案，从中选出最合适的一个。如果是手工在校样上修改，应采用标准校对符号。要用不同于原稿字迹颜色的墨水，以便容易区别哪些是删削的，哪些是补充的。要是一篇稿件修改太多，最好重抄一遍，以方便计算篇幅和计算机录入人员操作。如果用计算机修改，要按所使用的中文软件要求操作。特别是对稿件进行压缩时，事先要考虑好，因为删掉后就无法再恢复，到后来想保留某些被删的部分就很麻烦。对结构和材料作较大变动的稿件修改，最好先打印出一份原稿，放在一旁对照，即便改错了，推倒重来，也便于依照改写思路另外重写。

（三）检查复读，精益求精

稿件修改完后，要从头到尾阅读一遍，重要的稿件还要多看两遍，检查修改是否恰当，符合准确、新鲜、生动的要求。一方面通过检查可以发现修改后是否遗下毛病，如衔接不紧、缺词落字、标点不妥等，及时补正。另一方面，通过检查往往发现个别地方还可以改得更好，也能马上再行修改，精益求精。鲁迅先生就十分强调修改后的检查。他说："我做完之后，总要看两遍，自己觉得拗口时，就增删几个字，一定要它读得顺口。"这个"顺口"，就是对修改后稿件的精益求精的更高要求。

二、新闻稿件修改的注意事项

与选稿标准相同，对稿件的修改也存在相对性与绝对性。相对性修改是依据时间、地点、条件而转移的修改，主要指稿件本身在思想、事实、辞章等方面都没什么毛病，只是鉴于报纸的某些特定要求，如根据报纸的特点需要突出某一部分，删去某一部分；从版面要求出发作适当的压缩、扩充、合并、分篇等。这种修改不是改正错误，只是为了适应报纸的特定要求。而绝对性修改则是一种无条件的个性，主要指稿件在思想内容、基本事实或材料运用、文字表述等方面有某些欠缺，必须经修改后才能发表。以下四点是编辑在对稿件的编辑及修改的过程中必须要做到的。

（1）编辑在对稿件进行修改时，绝对不得随意添改事实，不得凭主观猜测杜撰事实、虚构细节，歪曲事实真相，也不得对图片内容进行影响其真实性的修改。

（2）除明显差错外，如果需要对时间、地点、人名和所述基本事实进行重要改动时，编辑应该与作者进行沟通确定。

（3）当稿件有关的内容与日常实际感受有差距时，即使有权威数据等信息，也要注意留有余地，不夸大、不渲染。

（4）文中如果出现"首次""第一""国际通行惯例"等模糊提法时，须仔细核实，不确定的时候坚决不要用。语言表述中应注意：检查用字，检查语法，检查逻辑，检查修辞的词义色彩是否恰当、是否存在理解错误及检查修饰语是否失却"分寸感"。

【延伸阅读】

《采编管理规范》中对案件的报道严格要求编辑必须格外注意使用以下规范用语：

（1）凡是公安机关认为应予以刑事处罚的犯罪嫌疑人，一律不准用"罪犯""犯罪分子""案犯"等称谓，应用"犯罪嫌疑人""涉嫌犯罪""在逃人员"等词语，在法院判决有罪后，方可称为"罪犯""犯罪分子"。

（2）对被当场抓获的作案者，不能用"犯罪分子"，应用"犯罪嫌疑人"。

（3）不得使用"重点人口""耳目""特情""眼线""阵地控制""职业据点""技侦""狱侦"等内部用语。

（4）对已经释放的人员，可称为"刑满释放人员和解除劳教人员"，或分别描述，如"刑满释放人员""解除劳动教养人员"，不要统称为"两劳人员"。

当然，修改稿件除了运用恰当的方法和程序，对原稿从思想内容和表现形式两方面进行修改外，还应注意以下几个问题。

（一）全局着眼

全局是根本性的问题。从全局出发，才能居高临下，把握稿件的主题，分清稿件的主要事实、次要事实及相关与无关的材料。从而运筹帷幄，合理安排材料，更好地去表现主题，突出主题。正如刘熙载所说："主脑既得，则须制动以静，制烦以简，一线到底，百变而不离其宗。"局部地方再好，再生动，如果脱离了全局，与主题无关，也要忍痛割爱。拘泥于细节，无异于捡芝麻丢西瓜，不仅体现不出稿件价值，往往还会歪曲原意。

（二）形式为内容服务

任何形式都是为内容服务的。虽然形式对内容有能动性，可以起到增强或削弱内容的作用，但在内容与形式这一对矛盾中，内容是主要矛盾，形式始终是依附于内容的。"皮之不存，毛将焉附？"因此修改稿件务必时时抓住内容这条主线，运用的各种方法，如大到变更体裁、改换角度，小到遣词造句、校正标点，都是为了更好地表现内容。过分雕琢形式、追求辞藻的华丽、结构的波澜等，是舍本逐末的做法。"翠纶桂饵，反所以失鱼"，是不足取的。

（三）尊重稿件的事实与风格

记者写一篇新闻报道，总是在采访了一定的人和事，获得了第一手材料的基础上写成的。就是说，记者比编辑更了解实际情况，掌握事实的真相。因此，编辑要尊重稿件所写的事实。对事实表示怀疑，运用分析法或核对法、调查法去校正、删节，但不能任意改变或增加事实。如果以原稿事实"不够生动"、形象"不够高大"为借口拔高事实。增添情节，这会造成新闻失实，是不允许的。

与此同时，编辑还应尊重记者的风格。记者写稿件都有自己的思路、表现手法，有的谨严，有的疏放，有的简约，有的繁丰，只要是健康的、有利于内容表现的风格，都应加以保护，不可要求都用一种风格。报纸应该是各种风格争相媲美的百花园。只允许一种风格，即使是一种好的风格，也只是一花独放，使人感到单调、乏味，这与现实生活的丰富多彩也不相适应。

（四）防止后生错误

经编辑修改后报纸上仍然出现差错，主要由两种原因造成：一种是原稿存在的错误编辑修改时没有发现，这种错误叫原生错误。一种是原稿有错误，编辑修改时又改得不正确，以错改错，或者是原稿没错误是编辑改错了，这种错误叫后生错误。编辑修改稿件主要在于消除原生错误，防止后生错误。

后生错误产生的主要原因有：

1. 主观随意性

编辑修改稿件时往往容易把字面上的效果当成好的标准，因此不惜违背客观事物的本来面貌。常见的有两种情况：一种是片面追求生动，添枝加叶，"合理想象"。比如，处理某位已牺牲的英雄人物的报道，编辑加上英雄牺牲前瞬间的心理活动。这样的内容是超越采访可能的。另一种是拔高渲染。比如，原稿写的是两个人下井救人牺牲了，两人都被冻僵在井里。编辑想突出英雄的精神，就主观改为一个死后仍"站在水里"不倒，另一人还骑在他肩上。这两种情况都违背了新闻真实性原则，造成差错。

2. 缺乏知识

编辑对稿件所反映的对象不熟悉，盲目修改产生的错误。比如，原稿写一个老干部以曹操"烈士暮年，壮心不已"的诗自勉。编辑无知，以为"烈士"就是死去的人，怎么还能"壮心不已"呢？便改为"壮士暮年，雄心不已"，这就不恰当。其实编辑修改各种内容的稿件，不一定对所写的事都完全懂得，只要查阅有关资料或向专家请教，就会避免类似错误。

3. 粗心大意

汉字中有不少看上去十分相似的字，像"土"与"士"；"'沁"与"泌"；"管"与"营"；"毫"与"亳"；"赝"与"膺"；"麻"与"麻"；"戊"与"戌""戍"等，稍不注意分辨就容易弄错。标点符号中的间隔号和顿号、逗号也容易混淆。不注意写作时间和见报时间、地点的关系，也会出现差错。如对未及时刊用的稿件，上面写有"今天""本月""上月"等，刊登时又没有改正过来就会出错。有的外地作者，出于写作习惯都写上"本省""本市"等地点，编辑没有把它改为相应的地名，也会发生张冠李戴的现象。

4. 推广规范语言，并注意使用有意义的新生语言

报纸是大众传播工具，不同地区、不同民族、不同阶层的人都要在上面交流情况和思想感情。一方面，报纸为了很好地起到这种桥梁作用，担负着推广社会规范语言和普通话的职责，以便大家的交流没有障碍。编辑要以现代汉语为行文标准，少用古汉语、洋话，非用不可时，对生冷僻的字最好注释明白，以适应广泛的读者看报。报纸不光是看、读，还会为人传说。编辑在修饰文字时有必要把一些生僻难懂的文言和地方语改为现代汉语和普通话。即使在以说地方语为主的地方报纸，都应用普通话写作。当然，新闻报道并不完全排斥地方语，吸收生动活泼的地方语有利于丰富新闻语言。在某些特定的情节描写中适当采用地方语，会增强现场感和感染力。

另一方面，报纸作为新闻纸，也应随时注意使用有意义的新生语言。所谓有意义的新生语言，即当前社会新出现的健康流行的用语。比如，近年出现的"中国梦""正能量""大腕""倒逼""白色污染""绿色食品""打白条""土豪""空姐""女汉子""光盘""知识经济""深圳效应"等词汇，像今天吃的食品、穿的服装一样大大地丰富起来，它们在当前社会交往中使用频繁，并能恰当地达意。作为反映、记录和交流当代社会新变化的报纸，应该选用流行的时代语言来传播新闻信息，领风气之先。当然，编辑在这方面也要注意把关，避免那些任意生造的、不合规范又不为多数人所理解的新词出现在报纸上，造成社会用语的混乱。老舍先生说得好："语言的创造不是标奇立异，令人感到高深莫测，越读越糊涂，而是要在大家都能明白的语言中出奇制胜，既使人看得懂，又使人喜爱。"

5. 修改通讯社电讯稿的特点要求

通讯社发的供各媒体选用的稿件，都是经其编辑修改过的，本身质量比较有保证。报纸编辑采用通讯社的电讯稿，如果是全文采用的，要在前面加电头"××社×地×月×日电"。如果不是全文采用，报纸编辑修改时，要注意两点：① 只可删节，不可增补。前面的电头要加一个"据"字，如"据××社×地×月×日电"，以示职责分明，表明本报作了删节，因删节造成的差错由本报负责。② 如果将通讯社稿件重新作了结构调整，要注明"据××社改写"字样，同样表示自己负责，并且改写中也不能增加任何材料。

三、稿件的配置

版是报纸以页为单位的内容与形式的统一体，是报纸的阅读单元之一。版作为阅读单元，有集纳性、稳定性、独立性的特点。同时，版是各类稿件在报纸上编排布局的整体产物，是读者第一接触到的对象。

（一）版面内容配置的意义

1. 消除单稿的局限

一个版面上通常刊登多篇稿件，但就每篇稿件即单稿来看，都可能存在某种局限，这种局限表现在：① 单稿是不充分的，一篇稿件在选择和修改之后，它可能存在的缺陷和错误都已经被消除了，可以比较充分地反映内容。但从另一角度看，任何稿件都有一定的体裁，一定的篇幅，一定的角度，因而不可能将要反映的对象全盘托出。② 单稿是孤立的，稿件出自不同作者之手，来自四面八方，这些稿件都是作者在一个特定的时间内，采取特定的角度对特定的事物所作的反映，由此看来各篇来稿都是孤立的、分散的。

2. 增加组合效应

一个版由若干稿件组成，如果能将多篇稿件结合成整体，也就可产生孤立的单篇稿件相加所不能具有的传播效果。这种组合效应的取得，有赖于编辑精心配置稿件，使稿件在与其他稿件的配合中获得思想内容和表现力的提升。编辑需要对版面内的各篇稿件进行阅读、比较，分析它们的主次关系、先后关系、类属关系，进而考虑哪些稿件应当"异类相分"。然后，用相应的版面空间和编排手段来展示它们之间的逻辑关系。

3. 凸显各版个性

报纸每个版都是报纸的一个局部，每个版在报纸总的编辑方针指导下，对于自身的内容、任务、特点等均有明确的规定。正是这种规定，使一个版能与其他版区分开来，表现出自身的个性。不合逻辑的编排，往往表现为同类相分，异类相连，令读者感到别扭，甚至产生不良的社会效果。曾经在1989年的时候，有家报纸的版面，国内新闻与国际新闻用醒目的线条隔开，而其中一则有关台湾的消息却放在了国际新闻的部分，造成了政治上的差错。还有家企业报在刊登通讯《一个奋发进取的共产党员》时，记述的是这位党员的先进事迹，但是文中却嵌入一幅漫画《一颗红心丢下来》，画的是一个干部胸膛里没有红心，塞满了受贿的赃物。这样的编排，就会令读者不满。

（二）版面编排的注意事项

1. 编辑在版面安排时应通盘考虑

在安排领导人活动的稿件时，周边不宜安排易产生负面联想的稿件和图片；同一版面不宜安排某一地区两篇以上稿件，不宜安排多篇批评性报道、负面报道；同一版面稿件的品种要多样化，应图文并重，体裁丰富，刊头不超过三个；同一版面中，没有关联的言论之间应拉开距离，切忌做"邻居"，除言论、图片说明外，其他体裁内容一般不用楷体字；年初组版时，要特别注意避免年份差错。

2. 保持版面总体风格

党报系列要充分考虑党委机关报的品牌形象，版面风格总体定位应该是：大气生动，庄重权威；晚报、都市报系列则应突出亲民和都市风格，版面风格总体定位应为：生动鲜活、时代感强。同时，版式应该按新闻规律安排，突出新闻性、服务性、时代性、可读性，多用些新闻图片、图表等视觉元素，以丰富版面的内容。在遇到重大新闻报道时，可以不用拘泥日常版式，在参考原有版式的基础上进行创新，形成具有新意、令人眼前一亮的视觉冲击。

3. 标题制作应与版面风格相符

新闻报道的标题制作应该做到文章与题目相符合，不能误导读者。标题的题义应该在报道中有明确标示，如果报道经过删改，要注意核对标题与内容是否仍然一致，防止内容已被删除而标题未作调整。关于标题的字数，建议少而精，主标题应尽量控制在9～12个字。且主标题尽量不要用标点符号和空格。带有阿拉伯数字的标题，尽量不要作竖题，必须作竖题的应该将数字改成汉字。同时，主题、副题与肩题自由回行时，避免出现人名等一词两行的现象。

第四节 稿件的容量把握

编辑需要根据版面的容量选择好所有备用稿件，既不能多于版面的容量，也不能少于版面的容量。在进行具体的版面设计时，还需要在此基础上进一步对每一条稿件的篇幅作出准确的计算，以便在对稿件的编排过程中给出大小恰当的版面空间。

一、画版样的准备工作

首先，要通读全版稿件，以便根据内容的重要程度和稿件之间的联系，对稿件的顺序进行通盘考虑。在一般情况下，都是看过全部稿件才画版样。但有的时候，为及时报道重大新闻，通讯社或本报编辑部发稿截止时间很晚，如果等稿发齐看完后再画版样，时间就很紧迫，难以保证画版质量，弄不好还可能延误出报时间。在这种情况下，就不可能等全部稿件到齐并通读后再画版样，但要力争对将发来的文稿内容、字数或图片内容、形状有所了解，以便做到对全版心中有数，并在画版样时给未到稿件留出合适的位置。

其次，要确定标题的字号、字体和稿件的题文关系。编辑在编好每篇稿件以后，对标题的字号、字体一般都作了规定。但这种规定是立足于单篇稿件来考虑的，没有也不可能考虑这篇稿件在版面上的准确位置，更不可能考虑版面上其他稿件标题的大小。因此，在画版样之前，需要根据对整个版面的构思，对每篇稿件标题字号的大小、字体的选择进行一次检查，对不合适者作必要的调整。与此同时，对题文位置的关系也要进行通盘考虑，把哪篇稿件用盖文题，哪篇稿件用串文题等确定下来，以便画版样。

二、计算稿件篇幅

（一）栏的计算

计算篇幅是技术性很强的工作，难度不大，但必须认真细致，一丝不苟，保证准确。计算不准确，版样就不可能画准确，就会给拼版造成各种困难。稿件篇幅的计算包括栏的计算，标题的计算，正文的计算，题与文的混合计算和图片的缩小与放大。

栏的计算以排文的基本字号为计算单位。基本栏、长栏和破栏的字数是不一样的；对开报纸、四开报纸的基本栏字数不同，相应的长栏、破栏的字数也不同。

我国对开报纸版面普遍采用8栏制，每个版分为8个基本栏，排文的基本字号为小五号字。正文如排基本栏，每行为13个字。如排两栏长文，每行为27个字。初学者常常按13字×2＝26字计算，这是错误的。因为栏与栏之间有一个字的栏空，排长栏时必须把栏空计算在内。同样道理，如排三栏长文，每行字数不是39，而是41，其计算式是：3×13+2=41。根据上述道理，长栏字数的计算公式是：

$$长栏栏数×基本栏字数＋栏空数＝长栏字数$$

破栏后每栏的字数如何计算？先以三破二为例。首先算出三栏长文的字数为41。这41字排成破出的两栏，就要先减去栏空一个字，余40字，然后再被2除，得数20就是破栏后每栏字数。因此，破栏的计算公式是：

$$\frac{长栏字数-破栏需要留的栏空数}{破成的栏数}=破栏字数$$

运用这个公式，计算五破三的破栏如下：

长栏字数＝69

破栏需要留的栏空数＝2

破成的栏数=3

$$\frac{69-2}{3}=22\cdots\cdots1$$

这里提出一个问题，就是五破三以后，每栏排22个字，比原来5个基本栏少1个字。解决这个问题有两种办法，一是破成的三个栏中，两个栏排22个字，一个栏排23个字；一是破成的三个栏都排22个字，而把两个栏空各扩大半个字。对于破栏后不能整除的问题，都可以采取上述两种办法解决。

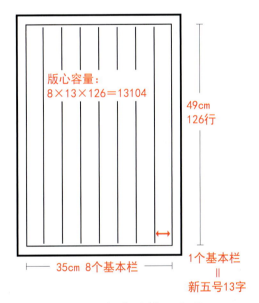

版心容量：
8×13×126＝13104

49cm
126行

35cm　8个基本栏

1个基本栏
＝
新五号13字

图3-1　版面容量测算示意图

（二）标题的计算

横题和竖题所占篇幅的计算方法有所不同，下面分别介绍。

横题的长度，通常都是由编辑根据稿件的重要性来确定，不需要计算。其长度以基本栏为单位。比如，一篇稿件按其重要性需要做六栏题，这个标题的长度就是6个基本栏。6个基本栏能容纳什么号的字多少个，只要查字体字号表（每个报社都有字体字号表）就可以知道。假定这个六栏题需用小初字号，那么根据字体字号表，在对开报纸上，最多可以放24个字，在四开报纸上，最多可以放21个字。

横题的长度确定以后，需要计算的是横题的高度，即算出横题将在版面中占几行高。报纸排文时，每行文字之间留有空白，这空白也就是两行文字之间的距离，称为行距。报纸的行距一般为排文所用字号高度的1/3或1/4。计算标题在版面中占几行高，要把行距也计算在内。如以行距为1/4小五号字计算，标题所占一行高，即为1.25个小五号的高度，按点数制计算，相当于11.25点的高度。

计算横题的高度时，要算出横题的主题、引题、副题一共占几行高。举例来说，如果一个横题以小初号为主题，二号字为副题，且都是单行，则可计算如下：小初号为30点，二号字为21点，两者相加为51点。如上所说，标题一行高为11.25点，则一行小初号和一行二号字共占4.53行高。但标题的上下及两行标题之间还要有适当空白，这样排出来的标题才比较好看。一般来说，标题的上下及两行之间的空白要各占1～2行高。如果上面这个标题的上下与两行之间各占1行高，那么。它在版面上所占的高度就是4.53行加3行，即7.53行。可取整数，按8行高计算。

竖题的长度以字行为计算单位。长度包括标题主题字加上字的上下所留空白的高度。其上下空白一般为一个与主题所用字号同样大小的字空。因此，竖题的长度可以用标题主题的字数加上2来计算。比如，一个标题有10个初号字，加两个字空白为12个字。1个初号字相当于3.2行高，12个字就是38.4行，取整数为38行高或39行高，即为这个竖题的长度。

报纸排文时，字与字之间没有空白，因此，计算竖题的宽度不是以行而是以字为单位。宽度包括标题字加上左右及两行标题之间所留空白的宽度。左右及行间空白的宽度一般可按每一处1～3字计算。比如，初号字（36点）的宽度是 4个小五号字（9点），二号字（21点）的宽度是2.3个小五号字，如果一个竖题以初号字为主题，以二号字为副题，都是单行题，则主题与副题共占6.3个字宽。标题字左右及中间的空白如按每一处1.5个字计算，则共占4.5个字，两者相加为10.8个字，即为这条标题在版面中所占的宽度。取其整数，可按11个字计算。

需要指出的是，标题上下或左右需要留多大的空白，没有硬性规定，而要看标题的具体情况而定。一般说来，标题大要多留一点，标题小则可少留一点，并可以有适当伸缩。

版面编辑时，不同的标题类型对版面容量的计算也会有影响，目前在报纸版面中常用的标题类型如图3-2～图3-6所示。

图3-2 报纸版面中常用的标题类型（1）

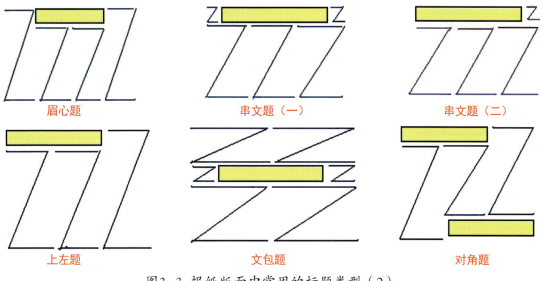

眉心题　　　　串文题（一）　　　　串文题（二）

上左题　　　　文包题　　　　对角题

图3-3 报纸版面中常用的标题类型（2）

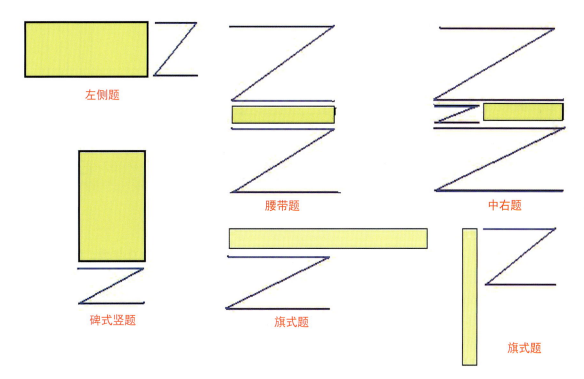

左侧题

腰带题　　　　中右题

碑式竖题　　　　旗式题

旗式题

图3-4 报纸版面中常用的标题类型（3）

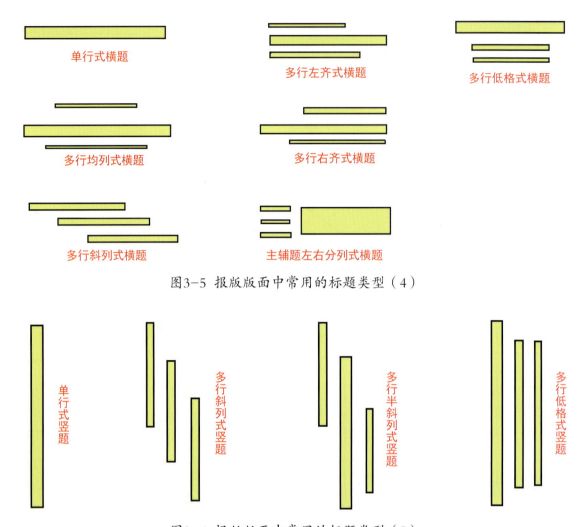

图3-5 报版版面中常用的标题类型（4）

图3-6 报版版面中常用的标题类型（5）

（三）正文的计算

计算正文所占篇幅以行为单位。方法是：用每行拟排的字数除稿件总字数，得出正文在版面上所占的总行数。例如，一篇630字的稿件，拟在版面上排两栏文，即每行27字，用27除630，得数是23行余9个字。计算时凡字数不足1行的都按1行计，这篇稿件所占篇幅就是两栏形式的24行。如果这篇稿件拟排成三破二的形式，破栏后每行是20字，630字除以20，得数是31行余10个字，那么，这篇稿件所占篇幅就是三破二形式的32行。

（四）题与文的混合计算

版面上，每篇稿件的标题和正文是连在一起的，上一章曾讲到，版面上题文位置有多种形式。其中有些形式，如盖文题、文夹题等，正文每行的字数是一样的，题文所占总行数容易计算；有些形式，如串文题、文包题等，标题的三面或四面都有文，而且文行长短不一样，这类稿件的篇幅就需要题文混合计算。计算之前，先要确定题文位置及稿件在版面上占几栏宽，这个前提确定之后，具体计算有两种方法。第一种方法是：先算出标题的长度和宽度，然后算出标题左右串文部分的字数，再算出标题上、下文的行数，最后把题的高度和上下文的行数加起来，就可以得出稿件的总数。第二种方法是：先算出标题的面积，并换算成字数，然后和正文的字数加起来，再用每一行拟排的字数去除，同样可以得出稿件所占的总行数。

上述计算方法，同样适用于四开报纸，区别只是具体数字不同。我国四开报纸版面较多采用 6 栏制，每个基本栏为11个小五号字，各种计算都以此为基数。

（五）图片的缩小和放大

提供给版面使用的图片，往往尺寸不符合版面设计的要求，这就需要将原图片缩小或放大。一般说来，原图片的尺寸应大于版面所需要的尺寸。这是因为，用比较大的图片缩小制版，清晰度较高，印刷效果较好。有时在不影响图片内容的情况下，也可以对图片进行剪裁。需要注意的是，图片在使用过程中与稿件之间要留有一定的空白，这样版面就不会有挤得满满的紧迫感。

第四章　新闻图片编辑

第四章 新闻图片编辑

新闻图片是除文字新闻产品之外的一种重要的新闻产品。在信息产业高速发展的今天，我们已经进入了读图时代，这一时代的到来让新闻图片在信息传播中的地位和作用越发突出。无论是纸质出版物还是数字出版物，对于新闻图片也是越来越重视。新闻图片的直观性表达和瞬间纪实报道功能，是文字新闻产品所不能够替代的。

新闻图片作为重要的新闻产品，在新闻出版物中首先有着重要的信息传播和辅助报道功能。版面上的新闻图片是一种非线性展开式报道，能够把新闻事实一下子就送到人们眼前，只要一眼就能大致了解、受到震撼，还能展现出文字所难以展现的信息。新闻图片还可以为版面增添色彩。新闻图片的功能已大大地超过了以前，成为现今世界获取信息的重要来源渠道。

1826年世界上第一张照片《鸽子窝》在法国诞生，随后摄影以其独特的魅力迅速征服了全世界。到19世纪80年代美国人发明了照相制版术以后，新闻照片才开始在报纸上频繁出现。我国报刊用新闻图片进行报道于19世纪下半叶才开始起步。新闻图片在如今媒体报道中之所以如此受到重视，与两次重要会议的召开有着千丝万缕的关系。一次是1990年在银川召开的第一次全国报纸总编辑新闻摄影研讨会，会上确定了"图文并重、两翼齐飞"的口号。另一次是1992年12月1日在广东韶关召开的第二次新闻摄影研讨会，将新闻摄影及新闻图片的重要性与新闻报道的形象化、版面的形象化有机联系。进入数字出版时代以来，报业的发展有了新的发展趋势，更加大量采用新闻图片，且不乏大尺寸图片，甚至有新闻图片专版、专题。新闻图片在版面报道中的作用已不再是单单局限于点缀、装饰作用，而是作为重要的载体传递信息，已经逐渐从"配角"走向"主角"。

新闻图片受到重视，新闻图片的编辑同样需要与时俱进，顺应时代发展的步伐。

第一节 新闻图片的作用

新闻图片，是通过刺激读者视觉神经来直观形象的传达信息，是新闻报道的一种体裁，信息传播的特殊载体，是新闻的重要组成部分，版面的重要元素。在如今的信息时代，新闻图片的作用越来越凸显，西方学者把图片比作报纸版面的"心脏"，认为新闻图片不再是点缀版面的工具，而是把消息直接、及时传送到读者面前的重要手段。[1] 由此可见，新闻图片在信息传播中的作用和地位越来越明显、突出。有价值的可视性强的新闻图片，有"一图抵万言"的功效，因为它不受地域范围、语言文字的束缚，不受文化习俗等的局限，成为通用的具有"国际语言"作用的信息载体。

---

① 马燕：《新闻图片引发社会效应与价值分析》，载于《新闻爱好者》，2010年第9期。

新闻图片作为新闻产品，在版面中的主要作用就是传递信息。一篇高质量的新闻稿件可以将新闻事实内容完好地诠释出来，一张好的新闻图片同样可以将最具有核心价值的内容直观形象地传递给每一位读者。如果说之前是"读标题时代"，那么如今则是"读图时代"。从新闻图片本身来看，其在传递信息时有着文字所不可替代的先天优势。新闻图片的作用主要体现在以下几个方面。

一、传递信息

鲁迅先生曾在《〈死魂灵百图〉小引》一文中这样说过，他从这本书中清楚地看到当时俄国上流社会的生活细节：男人的服饰、妇女的发型、马车、蜡烛台……他说："凡这些，倘使没有图画，是很难想象清楚的。"同理，在版面中新闻图片的运用能够让读者更加丰富的获取信息，同时给读者留有一定的想象空间。有效使用新闻图片要远远胜过于单纯的文字叙述，一张照片所能够传递的内容往往要胜过千万个文字，可谓一图胜万言。

图4-1 《新文化报》① 2010年7月30日版面

① 《新文化报》是吉林出版集团主管、主办的一份综合类都市生活日报，1988年创刊，1999年3月12日改版后形成了新闻性、权威性、信息性、服务性并重和风格犀利的特点，报纸版面为日对开24版。

《新文化报》坚持全心全意为广大市民服务的办报宗旨，走市民化、都市化、生活化和通俗化的道路，目前已成为吉林省内及长春市内发行量、阅读率、影响力最大，最具权威信息的报纸。

【分析】　图4-1中的版面在编辑过程中有效使用了一张全景式的图片进行展示。在处理过程中编辑很好地利用了天空的留白，将图片整版平铺，这样的图片处理大大增强了版面的空间感，真实、真切、大气、美观。从传递信息内容的角度看，画面的细节展示可以让读者在强烈的视觉冲击之下直观地获取到文字以外的更多信息，同时给读者一种身临其境的感觉。

图4-2　《辽沈晚报》① 2010年8月17日版面

【分析】　图4-2中的版面是《辽沈晚报》2010年8月17日的时事版，版面重点报道发生在黑龙江的鞭炮厂爆炸事件。在版面处理过程中，编辑可谓独具匠心，大胆尝试，将

---

① 《辽沈晚报》创刊于1993年1月1日，是辽宁日报报业集团主办的以综合新闻为基础的省级晚报。现在的《辽沈晚报》，每周七刊，分叠印刷，采用国际流行的瘦报形式，是影响最为深远的东北第一都市报。

《辽沈晚报》的新闻视点——名牌栏目、领航版面，真实的报道、还原事实真相。

A叠：辽沈新闻，服务栏目《提醒》及读者互动栏目《咚咚锵》。

B叠：国际、国内、体育、证券新闻。

C叠：文娱、消费、理财、经济类新闻。

D叠：探索、文摘、大讲堂等轻松活泼休闲生活类版块。

E叠：周刊版块，《时尚周刊》时尚气息逼人。国内外时尚类新闻回顾；娱乐话题，城市时尚故事及时尚新闻人物故事；以与人们生活最相关的科技生活产品，国际最新生活方式，时尚人物故事、事件为主打。

整个版面以一张爆炸事件的现场照片作为背景。该图片形象、现场感强、情感性强、信息量丰富，同时在图片上方配以问答形式的采访稿，使读者全面直接地了解新闻事实。在形式上，透过全版可以体会到图文关系所充斥着的无限张力。

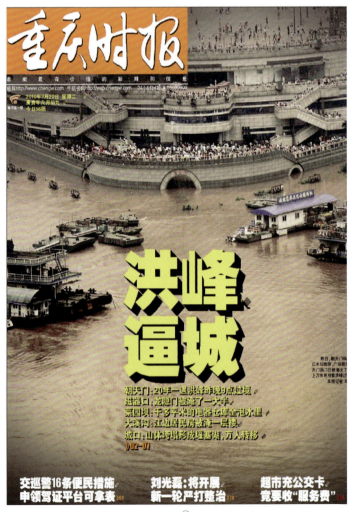

图4-3 《重庆时报》① 2010年7月20日版面

【分析】图4-3中的版面在编辑处理时在有限的版面中展示最宏大的场景。整个版面以一张全景图作为主要的版面内容，该新闻图片将所报道内容一目了然地呈现在读者面前，在辅助文字报道的同时，给读者一种真实的感受。此外，为了使图片能够在版面以最佳的形式出现，特意对报头部分做了处理，将报头处理到左上方并不影响在受众中间的醒目度，反而为图片腾出更多的空间，将新闻图片很好的铺开。在图片的编辑处理中，将大场景的照片剪裁到聚焦于读者熟悉的地标建筑，突出重点，使版面整体有中心、重心。黑色压角的效果更是很好地凸显了洪峰过境时的紧张氛围。

---

① 《重庆时报》是由重庆市总工会主管主办的一份综合类都市生活日报，前身为《现代工人报》，2004年8月25日更名《重庆时报》，国内统一刊号CN50-0012。《重庆时报》融新闻性、可读性、服务性、实用性于一体。奉行"奉献最有价值的新闻和信息"的办报理念，以全心全意为市民服务为办报宗旨。

图4-4　《新疆都市报》① 2010年10月20日版面

【分析】新疆阿尔金山下的若羌县盛产红枣——不品若羌红枣，不知百果之王之味。图4-4中《新疆都市报》版面主图十分抢眼，该新闻图片的合理使用不但可以让广大读者看到丰收的景象，还可以通过图片将百姓丰收之后的喜悦之情表现得淋漓尽致。其对于信息的传递不仅仅是喜获丰收，还在于让读者通过新闻图片看到丰收的实物，以及百姓喜获丰收的状态，信息量十足。另外，版面主图之上配有简单干练的导读文字，让版面本身极具美感。

二、表现事实，传情达意

新闻图片在信息传递中能够表现出极高的新闻价值、能够全面地展现重要的新闻元素，同时还可以表现出较强的实效性。新闻图片是除文字传递信息之外的另一种重要形式，并可

---

① 《新疆都市报》是由新疆维吾尔自治区党委机关报《新疆日报》主管主办的子报，创刊于1998年10月8日。是乌鲁木齐第一张综合性主流都市类报纸，是新疆报业市场第一品牌。《新疆都市报》日出四开48版，最多达128版，双彩印刷。在新疆日发行量达32万份（全疆发行），是唯一覆盖新疆15个地州和89个县市的都市类报纸。A叠新闻版及财经，B叠文娱体育，C、D叠专刊。

周一至周五：天天财经；周一：新人才、新旅游；周二：新健康；周三：新财富；周四：新车市、新房居；周五：新家园、新时尚；国家重大节日推出特刊。

《新疆都市报》是新疆报业市场一周七天连续出版的都市类报纸，周六、周日出版的"第六天"和"健康七日"，已形成了一大批固定的读者群。

以辅助文字进行信息传递。二者的结合让新闻更具有可读性、可看性，让新闻的价值得到最好的体现。版面中的新闻图片能够以文字新闻报道所没有的非语言符号，形象地再现新闻发生现场的每一个新闻细节，再现新闻现场，记录新闻发生的瞬间。可以让读者以最直观、最直接、最全面、最真实地看到与新闻相关的事物的全部面貌。

新闻图片除了表现新闻事实和传递信息之外，也起着传情达意的作用。新闻报道讲求客观公正，客观地记录与表述，不能掺杂带有个人情绪性的内容，更不能形成具有感情色彩的倾向性报道。记者需要做到客观真实，版面编辑同样如此。版面编辑要时刻摆正自己的位置，将自己置身于新闻事实之外，以特殊的版面语言客观报道新闻事实。但是图片是对已发生新闻的瞬间记录和新闻细节捕捉，是有"感情"的。透过新闻图片，我们可以窥视到人物的喜怒哀乐，看到新闻现场的种种迹象，可以感受到新闻人物复杂的内心活动与情感。所以对于新闻图片不能只"纪实"，还要"传情"。

2010年8月7日甘肃省甘南藏族自治州的舟曲县发生特大泥石流灾害，灾害造成1 434人遇难，331人失踪，2 062人入院治疗。对这一特大突发性灾难事件，国内各大媒体纷纷行动起来，进行全方位、立体化的深入报道。其中，报纸作为主流媒体，在及时有效传递新闻信息方面发挥了巨大的作用。报道中各个媒体不单单使用文字进行新闻报道，还大量使用了现场新闻图片，高质量新闻图片的使用使报道效果事半功倍。

图4-5 《新京报》① 2010年8月10日版面

---

① 《新京报》是《光明日报》主管、《光明日报》和《南方日报》两大报业集团联合主办的综合类大型城市日报，于2003年11月11日正式创刊，是中国首家获正式批准的跨地区联合办报试点，也是中国首家股份制结构的时政类报纸，是一份高度密集覆盖北京市场的强势新主流纸质媒体。

《新京报》采用四开版式，日均88个版，周五112个版。按报道内容分为4个叠次：A叠为时事评论、北京新闻、中国新闻、国际新闻、体育新闻，B叠为经济（财经）新闻和产业周刊，C叠为娱乐新闻和文化艺术新闻，D叠为消费新闻和生活杂志。

《新京报》版式风格简洁、现代、优雅，追求"厚报时代、轻松阅读"，注重图片与插图的应用，引领国内报媒进入"读图时代"。

　　【分析】《新京报》这个版面是一个以"目击"为主题的专题版面。版面采用横排方式进行设计，在上方采用一巨幅通版的官兵营救的现场图片，结合文字报道让读者能够更好地去接受官兵全力大营救的事实。此外，图片的有效使用可以方便读者证实文字报道，对于读者充分挖掘新闻资源，对于媒体提高新闻报道可信度都有着重要的意义。

　　版面编辑在对该新闻图片的处理时，围绕视觉中心通过裁切使得众人的形象在画面中看起来更集中更突出，更有震撼力。另外，版面中除了最上方的主图以外，还灵活的搭配有几张小图片，使整个版面图片排放错落有致，层次感也能够很好地表现出来。正是这样的巧妙处理，把大灾面前生死救援的感人事实有效地传递给了读者。

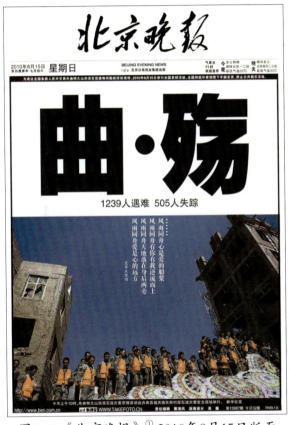

图4-6　《北京晚报》① 2010年8月15日版面

① 《北京晚报》是由北京日报社主办并主管的综合性晚报，在中国首都推出的小型综合性晚报。由北京市党委宣传部下属的北京日报报业集团主办并主管，属于中国共产党的党产报刊。

　　《北京晚报》于1958年3月15日创刊。"文化大革命"期间于1966年7月21日停刊，1980年2月15日复刊。1964年由毛泽东主席亲笔题写报头。

　　《北京晚报》日均58版，周五编辑出版69个版（含主题地产）。2004年《北京晚报》经过全新改版，新闻版面由24个版扩大到40个版。主要新闻版面有今日关注、北京新闻、中国新闻、国际新闻、经济新闻、文化新闻、体育新闻等前40个新闻版，后几版为"副刊""专刊"，专刊版面有周一E时代，周二汽车周刊，周三人才周刊，周四楼宇周刊，周五主题地产（隔周出刊）。2005年1月15日推出《北京晚报》周末刊"北京晚报星期六"。《北京晚报》拥有一批深受读者喜爱的特色专栏，融入北京生活，以雅俗共赏的版面风格吸引了众多不同层次的读者。

【分析】图4-6中的版面是2010年8月15日甘肃舟曲特大泥石流灾害全国哀悼日《北京晚报》的封面版，版面以黑白为主色调，但保留彩色的主打图片，色彩凝重肃穆。这种黑白色调与彩色图片的搭配在这样一种主题新闻的报道中可以说是一反纯黑白版面常态，别具风格。该新闻图片"意味深长"，艺术性、纪实性与新闻性兼备，很好地反映出了新闻价值。此外，版面上"曲·殇"标题设计彰显大气，标题与新闻图片各占版面一半，形成了自己独特的设计风格，堪称经典。

图4-7 《潇湘晨报》① 2010年8月15日版面

【分析】图4-7中的版面是2010年8月15日甘肃舟曲特大泥石流灾害全国哀悼日《潇湘晨报》的封面版。该报在此次哀悼版面的处理时，为了和以往的哀悼封面拉开差距，设计出有创意的哀悼版面，特意选择了空灵的图片，而图片本身的景深效果非同一般，一眼看去给人留有无限的遐想空间。当读者在这一特殊日子的哀思情绪渲染下，可以传递出更多的具有新闻价值的内容，留有一种继往开来的寓意在里面。

除此之外，版面上简洁的标题配上一首诗让我们的追思更加深远，使新闻价值从另外一个层面得到了更好的体现。

---

① 《潇湘晨报》是一份大型综合类都市日报，引进世界顶级采编、印刷技术，常规版面对开24～48版，彩色印刷。

《潇湘晨报》关注民生、守望民本，着力于无限逼近湖南都市生活的真相。作为卓越新闻的不懈追求者，权威资讯、实用信息、互动内容和深度观点的完全供应商，在传播的方式、速度、成本发生深刻变化的时代，《潇湘晨报》成了湖南最具影响力和公信度的平面媒体，是全国都市报方阵中的强势品牌和领先劲旅。

图4-8 《京华时报》2010年8月15日A04版

【分析】图4-8为2010年8月15日《京华时报》为甘肃舟曲特大泥石流灾害全国哀悼日精心设计的版面。版面设计采用横版的版式形式。版面中赋有深意的新闻图片的分布摆放既合理又有逻辑性。图片均运用了黑色的边框处理，肃穆庄严，与版面标题"举国哀悼 同舟共济"相得益彰。版面上的主打图片更是直接而深刻地体现了"同舟共济"这一主题，角度积极独特，使版面整体新闻价值得到凸显。

三、艺术欣赏

数字出版时代，读者对版面的要求日渐提高，已经不满足于纯粹的信息传递，还要求体现出较高的艺术性，将阅读置于艺术欣赏之中，实现实时报道与美的结合。版面上的一张新闻图片可以让版面生辉，可以对读者产生强烈的视觉冲击力，从而深深吸引读者阅读，这是文字报道难以达到的效果。图片尤其是新闻图片已经逐渐成为吸引读者的首要元素，并受到编辑的高度重视。

"新闻图片大都是艺术品，可供读者欣赏新闻人物、景物，它是美化版面不可缺少的素材，读者在欣赏图片时油然产生愉悦。"[1] 目前市面上流通的报纸，像党政机关报、文化教育报、科学技术报、卫生体育报、文学艺术报等都十分重视图片的选择和使用，试图通过图片的有效使用给读者以美的享受，使人看后留有一种赏心悦目的感觉。

---

① 周二立：《简论图片的优势和作用》，载于《新闻爱好者》，2010年第9期。

图4-9《华商报》① 2010年11月13日头版

【分析】图4-9为《华商报》报道在广州举行的亚洲运动会开幕的版面。版面编辑对这一重大事件的设计思路大胆创新，大图选择别致，大标题制作与画面相互融合，浑然一体，版面整体效果有气势、干净新颖，有浓厚的艺术气息。新闻图片在版面上占满大部分版面，以全景构图方式全面展现，将事实与艺术美感结合起来。

———————————————————
① 《华商报》是中国共产党在香港创办的第一张中文报纸，《华商报》是陕西侨联主管的一份综合类城市生活报，报纸已被批准为对开日报60版。以其翔实的内容，鲜明的立场，透彻的分析，生动的文笔，独到的见解，以及精辟的国际评论，名人荟萃的文艺副刊，吸引着海内外众多读者。《华商报》坚持全心全意为市民服务的办报宗旨，突出市民化、都市化、生活化和时尚化。

图4-10《羊城晚报》② 2010年11月5日A20版

【分析】亚洲运动会在即，广州整饰进入收尾阶段，为了报道这一重要的新闻内容，《羊城晚报》倾力打造集事实与美感于一体的版面（见图4-10）。11月5日出版的《羊城晚报》第A20版应该说是有亮点、有特色的版面。《羊城晚报》采用高质量的新闻图片作为主打，以珠江两岸夜景作铺陈，图片本身色彩艳丽，构图巧妙，取景精致，设计具有整体性。另将文字放置在版面两侧，令读者印象深刻，有美的享受。

① 《羊城晚报》是新中国成立后中国共产党创办的第一份大型晚报。经过50年的发展，已经成为中国最具公信力和影响力的品牌传媒之一，连续两年进入中国品牌500强，高居国内媒体第六位。

《羊城晚报》以"贴近时代、贴近群众、贴近生活"为己任，敢为天下先，精彩报道层出不穷，一直以其鲜明独特、新鲜活泼的风格吸引着广大读者。在新闻方面，一向以自采新闻多、独家报道多，反应迅速、视野开阔而著称；在副刊方面，则以知识性、趣味性、科学性并重，拥有大量独具岭南特色的名牌栏目而闻名。2007年开设的各类深具服务性和实用性的专版，更是深受读者和客户欢迎。

图4-11 《贵州都市报》① 版面

【分析】图4-11中的版面正中是现代感很强的滚石标志，圆上的人头像都是滚石这些年来造就的明星。版面底部的现场照片随意摆放，错落有致、层次清晰，整体感强。图片的选择和使用有效烘托版式的现代感，黑黄为主色使版式富有节奏感和时代感。

① 《贵州都市报》是由贵州日报社主办的一份按市场规律经营、面向市民、反映生活的省级综合类都市报，也是贵州最大的综合类城市报。四开24版至48版，彩色印刷，全省发行。

《贵州都市报》1993年创刊，当时是作为内刊《今日都市报》发行的，之后在1995年8月1日更名为《贵州都市报》面向市场发行。《贵州都市报·贵阳新闻》是贵州都市报2005年5月9日正式推出的地方新闻版，周一至周五每天有8个版见报，与《贵州都市报》一起在贵阳市内发行，是贵阳人身边的新闻，具有显著的贴近性、原创性和服务性。

图4-12　《江南都市报》[①] 版面

【分析】 图4-12是《江南都市报》"影视周刊"的版面，全面针对年终贺岁大片《非诚勿扰Ⅱ》进行完全梳理。在版式设计时，版面编辑突出了娱乐版活跃、新意、美观的特点，新闻图片本身特别是主图极有情调，再将文字报道和新闻图片有机融合，实现了文内有图、图中有文、图文一体的完好表现形式。新闻图片在版面的如此运用，会产生较强的视觉吸引力，引领读者从新闻图片的欣赏开始，逐渐领略到整版所要报道的内容，让读者时刻有一种阅读冲动。

四、舆论导向作用

新闻媒体作为党和国家的喉舌，"担负着发布政治信息、宣传政治主张、塑造政府和政治人物形象、进行舆论导向的重任"（李良荣，2003）。媒体作为党、国家和政府传达意识形态的重要媒介，其实质就在于通过媒体的信息传播进行舆论的引导和控制。作为新闻媒体有责任和义务以坚定的政治立场传播有效信息，作为媒体人同样应该努力寻求最好的信息产品为受众服务，传达精神意志与正能力，对广大受众起到积极的引领和教育作用。作为版面

---

① 《江南都市报》是江西日报社主办的一份综合性都市生活类报纸，发行量、阅读率、广告收入均在江西报纸中领先，在江西报业市场一报称雄，是江西报业当之无愧的强势品牌。

《江南都市报》秉承"关注都市冷暖，关心百姓疾苦"的办报宗旨，匡扶正义、坚守良知，关注民生、彰显爱心，报纸精彩生动，版面形式活泼，品质优异，卓尔不群，深受读者欢迎。迄今，该报已拥有"市民热线""新闻'110'""焦点新闻"等多个名牌栏目。

编辑要明确自身责任，力求以最佳的版面传递最有价值的内容，并实现信息价值的最大化。而新闻图片作为一种重要的信息传递形式，除自身本具有的新闻价值外，更具有一种见证性和现场感，因此也更具有威慑力，舆论导向和教育功能更是不言而喻。

图4-13 《新文化报》2010年7月22日04版

【分析】图4-13中的版面是以"抗击洪灾"为主题的专题版面。版面编辑在设计时采用了一幅解放军战士抗洪救灾的巨幅照片，并将照片以横向大图的形式放到专版的最上端，图片在拍摄时取仰视的拍摄角度，外加照片摆放的位置形成双重仰视的角度，给读者一种敬畏感觉，对读者产生巨大的视觉冲击力。图片有效传达出党、国家、政府与人民群众一道抗击洪灾的决心和信心，同时也表现出人民子弟兵为人民的奉献精神。一图多意，值得回味。

图4-14 《新京报》2010年7月28日A16/A17

【分析】图4-14是一个典型的现场新闻版面。版面中主图抓住了事件的中心，将读者自然引向事件中心人物的命运。版面中的新闻图片构图完整，主题明确，视觉中心明确，有很强的感染力。透过图片可以带给读者更多的关于幼儿园问题的思考与反思，引领广大的读者以积极正面的心态去思索问题，同时也反映出广大群众对于问题满心期待被政府解决的愿望，有着上传下达的双重意蕴，导向性明确。该版面版式简洁明了，图片之间呈现出编者的逻辑思维能力，也起到了引导读者阅读的作用。

图4-15　《时代周报》①版面

【分析】图4-15的版面是《时代周报》的一个国际专版。版面中采用一张图片作为主图，将图片布局版面中心，简洁明了。主图具有鲜明特色，竖式图片视觉效果特别，兼具艺术性与新闻性。该新闻图片意图用两面大门来形象表达"俄罗斯总统与总理形成的双层体制"，趣味性十足，舆论导向性明显。

① 《时代周报》是中国广州市的一份大型政经类周报，隶属于广东省出版集团，由广州时代传媒集团有限公司主办，于2008年11月18日创刊。采用橙色新闻纸，每周40大版，每周四出版。分为时政（16版）、经济（16版）、文化（8版）三叠。时政部分包括中国时事、国际新闻、评论等版块；经济部分包括财经新闻、产业新闻和商业评论等版块；文化部分则涵盖影视、音乐、艺术、读书等内容。

《时代周报》立足中国、放眼全球，纵览中外时政、国际、财经、文化律动脉象，于洞悉时势风云变幻中刻录时代中国之成长。

第二节　新闻图片的类型

　　数字出版时代报纸上出现的图片种类越来越多，既有传递新闻信息的新闻图片，也有彰显艺术张力的艺术照及美术作品。版面上所采用的图片的主要功能集中表现在信息传播方面，有作为独立报道体裁的新闻图片、新闻漫画、示意图表、图饰与题饰等。

一、消息图片

　　新闻消息是新闻报道中最直接、迅速、简洁、有效报道新闻事实的新闻体裁。消息图片通常可以指代新闻图片，是作为传递新闻信息的主要图片类型，一般指新闻媒体独立传播新闻信息的一种图片形式。消息图片具体可以分为独立消息图片（见图4-16）和消息配图（见图4-17、4-18）两种基本形式。

图4-16（1）《浪花报》① 第15期 头版

图4-16（2）《浪花报》版面

----

① 《浪花报》是由中共四川传媒学院编导艺术与戏剧影视文学系党总支主办，编导艺术与戏剧影视文学系办公室与浪花报社联合出版，非社会媒体出版。该报作为学生的重要实践平台，以学生创办为主，专业教师指导为辅，在"平面媒体版面编辑""数字出版""新闻采编"等相关课程的教学方面起着重要的实践支撑作用。

　　该报不定期出版，对开，彩色印刷、四版，迄今已出版20期。经历了四开黑白版到对开彩色版的转型过程，在数字出版逐渐成为主流的今天，该报在指导老师的指导下于2013年进行了再一次改革，目前主要以电子出版为主。

【分析】 图4-16（2）是图4-16（1）的版面中的"图片新闻"栏目。该期"图片新闻"以一张大图与四张小图搭配形成，加之简短的文字说明，合力报道"梦想就在前方"主题迎新晚会这一新闻事实，图文并茂，直接、形象、艺术地传递新闻事实。消息图片选择恰当，并形成版面主图，占据版面视觉中心，属于典型的消息图片使用案例。

图片新闻是以消息图片为主体传递信息的一种形式，近年来在版面上出现的频率不断上升。图片新闻简单、形象、直接，可以让版面更具艺术性。图片新闻对于图片质量的要求较高，新闻性与艺术性并存。如果在版面中出现一般会作为版面的主图，位置显著，尺寸较大，常与简讯形式的文字报道内容相结合。

消息配图是在以文字作为报道主体的新闻报道中辅助文字进行报道的一种消息图片类型。消息配图的使用可以使版面实现图文并茂的效果，方便读者理解和接受文字内容。消息配图与图片新闻中的图片相比，在版面中尺寸较小，位置以围绕文字块为主，与文字紧密相连。

消息图片在版面中的使用往往需要图片文字说明加以补充，清楚交代图片本身所不能传递出的信息，如消息的五要素（时间、地点、人物、事件、原因）。消息图片的文字说明通常采用的表达方式有叙述、描写、说明、议论、抒情等。对于消息图片的选择要严格，使用要谨慎，要符合新闻报道的要求。

图4-17 《北京晚报》2010年11月25日32版

【分析】 图4-17的版面中，版面编辑选用两张消息图片，虽有内容、位置、尺寸上的差异，但从性质上看两张图片同属于消息配图。消息配图的使用首先可以给读者一种强烈的视觉感受，其次辅助文字报道。从版面整体看来，虽然作为"配角"，但同样有"红花绿叶，相得益彰"之效。

图4-18《时代周报》版面

【**分析**】 当电影中小女孩从废墟中奇迹般站起来的这一幕定格在报纸上，橙色的新闻纸底色有力地渲染出这一悲情色彩，整个版面就像电影的海报，给我们的远不止是震撼。除了版式、色彩方面出彩之外，图4-18的版面中两张图片的选择和使用也可圈可点，值得肯定和学习。首先，作为消息配图有着很好的补充文字报道的作用，与文字内容紧紧相扣。其次，两幅消息配图在位置关系和尺寸上形成一种呼应、反差，有着很好的感染力和震撼力。

二、专题图片

如果说消息图片是独立存在的，那么报纸版面中的专题图片则是合力出击。专题图片指在报纸版面中由两幅或两幅以上图片组成，以集合方式出现。专题图片常出现于专题版面，整体表现效果较强。专题图片在版面上的地位可以与文字内容平分秋色，但以配合文字内容的角色存在居多。

专题图片在版面上一般有明显的标题提示或相对简洁的文字搭配。文字需要有较强的概括性，图片的标题要求简洁、生动、准确、鲜明、深刻。标题之外的概述性文字，要以相对凝练的语言交代核心新闻信息，既要反映出文字报道的主题，又要对图片进行明确的补充和具体化。

2010年12月22日出版的《江南都市报》别具匠心地制作了《国际盘点特刊·天下事》16个版面，其内容为盘点2010年国际大事件。16个版面统一风格，分别形成专题，在新闻图片方面高调使用专题图片，版面主图占用近半空间。大标题及版面下半部小标题非常醒目，版式清晰简洁，新闻图片与文字内容的配合报道可谓完美，将2010年国际大事概括其中，是一组堪称经典的版面。见图4-19。

图4-19《江南都市报》2010年12月22日《国际盘点特刊·天下事》

三、新闻漫画

漫画指以虚构、夸饰、写实、比喻、象征、假借等不同手法描绘图画来叙事的一种视觉艺术形式。"漫画"二字最早起源于我国北宋时期，1925年《文学周报》连载丰子恺的画并注明为漫画，这是中国最早称之为"漫画"的作品。新闻漫画在中国的兴起大约在五四运动前后，大发展时期是在抗日战争时期。新闻漫画基于漫画而产生，基于漫画的发展而发展。

著名漫画理论家方成曾经说过："漫画也是一种语言形式，漫画就是画思想。"新闻漫画是表达新闻的一种形式，从真实的社会生活中取材，借形表意，通过夸张、比喻、象征、寓意等表现手法，有趣或夸张地把作者的意见和倾向表达出来，以幽默、诙谐的画面来讽刺、批评或赞扬、歌颂某些人或事，充分发挥其形象化评论的作用。

新闻漫画，是以漫画的形式画新闻，有很强的新闻性。如果新闻漫画失去了新闻性，也就失去了新闻漫画的价值。同时新闻漫画是一种特殊的绘画创作形式，所以即便强调其新闻性，但在实际的创作使用过程中不完全拘泥于新闻报道的"5个W"。

新闻漫画对于新闻事实的呈现有创意性和艺术性，从新闻学的角度看新闻漫画，创意是新闻报道的中心环节，是作者对采访的材料进行处理，以形成主题和制作蓝图的复杂的精神劳动。在新闻漫画创作的全部过程中，自始至终贯穿着作者的创意活动。[1] 新闻漫画呈现事实的艺术性一方面体现在画面本身的美感，这种美感源自于绘画艺术本身的视觉传达规律以及绘画者的艺术造诣，如华君武的画属于简笔写意，不但图文并茂，而且寓意深刻；米谷的画讲究黑白关系，基本功厚实；丁聪的画细致而传神；方成的画生动有趣；江帆的画用笔流畅，色彩明快……[2]。另一方面体现在画面的幽默感和文字表达的艺术性上，前面提到新闻漫画本身就是以幽默的形式存在，是一种幽默的艺术，在幽默中发人深思。此外，与漫画搭配的文字虽然简短，但对于一幅完整的新闻漫画作品来讲却起着画龙点睛的作用，恰如其分的文字会提升新闻漫画的整体艺术效果，实现最佳的信息传播效果。

图4-20 《半岛晨报》[3] 版面

---

① 刘一丁：《论新闻漫画的创意》，载于《新闻实践》，2004年第3期。

② 张滨：《新闻漫画"三要素"浅析》，载于《当代传播》，1996年第6期。

③ 《半岛晨报》是辽宁日报业集团主办的一份生活类报纸。作为大连市第一家走向市场的报纸，《半岛晨报》在大连市内建有23个发行站，发行员密度和发行力度位居全国前列。报纸已从1998年初创时的4开8版发展到现在的4开80版。

心连百姓，情系万家。《半岛晨报》将及时报道地区和辽东半岛诸城市发生的重大社会新闻，反映老百姓关心的热点问题，为大众日常生活服务，内容生动新鲜，为读者喜闻乐见。创刊以来，一直坚持贴近社会、贴近读者、关心群众疾苦、反映群众呼声，雅俗共赏。

【分析】《半岛晨报》关于盘点2010年特刊封面"围观2010"（见图4-20），运用鲜艳的色彩令版面别具特色。漫画形象图片放置在版面周围，包含2010年重点事件及人物元素，紧扣主题。新闻漫画既反映报道内容，又使版面富有趣味性。

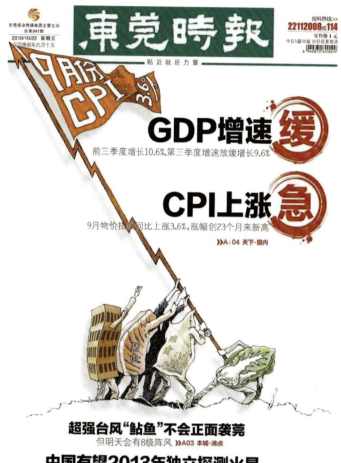

图4-21　《东莞时报》① 2010年10月22日 头版

【分析】《东莞时报》是一份杂志化的报纸，在注重新闻要素的传播外，重视新闻传播的效率最大化，新闻传播价值最优化。图4-21中这种坚硬的题材，辅以新鲜有趣的漫画，这种头版是一种陌生的模式，也是一种有意义的尝试。

---

① 《东莞时报》是东莞唯一的本土都市早报，由东莞日报社主管主办，于2008年3月26日创刊，日均出版40个版面，是东莞地区零售量最大，读者结构最合理的地市都市报。

《东莞时报》秉承"新闻零距离，服务零距离，心灵零距离"的办报理念，锻造可亲可敬的报纸品格，打造一张离市民最近的都市早报。

《东莞时报》注重文本创新。刻意采用客观报道手法，特写叙述手法，追求简洁传神的语言，简短清晰的段落，言简意赅的观点，形成简洁、亲和、略带幽默的风格。

图4-22《新京报》2011年1月2日 头版

【分析】 图4-22的版面在设计时独具匠心，选用卡通人物形象——小新，通过这个虚拟的人物和虚拟的场景将2011年的热点问题一一串起，插图色彩明快，版面轻松易读。

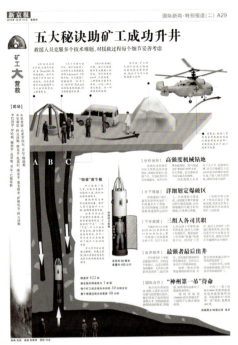

图4-23 《新京报》2010年10月14日 A29版

【分析】 该版面在设计时版面编辑独具匠心。智利被困矿工在第69天时，终于被成功营救。如何立体地报道出整个事件，难度大、版面有限，包括时间空间上的限制都制约着最后见报效果。本版以新闻制图的形式来把内容整合。文字排列有序，构图巧妙，细节丰富，让观者深入到内容中去，把营救事件推向一个高潮。（见图4-23）

四、图　示

图示，是使用图来示意，也是传递信息的一种常用形式。1978年，美国《时代》周刊将文字说明与图示巧妙地结合起来，创造了一种崭新的新闻报道形式——图示新闻。2006年3月2日的《南方周末》A6和A7版，采用跨版的方式刊登了《中国探月最新报告》一文。这篇报道采用了文字和三维立体图示相结合的方式，详尽地描述了未来中国将发射探月卫星的全部步骤。整篇报道采用黑色为背景，以此来模拟深邃的宇宙，分别用蓝色、土黄色和金黄色三种颜色为主色调来构建地球、月球和太阳的三维模型。整个图示在场面上气势宏大，色彩方面具有强烈的视觉效果。

新闻图示是平面媒体中常用的一种视觉新闻形式，其在版面上存在的首要条件是要具有新闻性，如果没有新闻性，图示的存在也就毫无意义。纵观报纸版面对于图示的使用，大致可以将图示分为三类，即统计图表、示意图、新闻地图。统计图表这一报道形式常在财经版面中被采用，将版面中出现的大量数字制成表格，对于数据性内容有效整合、清晰阐释、形象再现，方便读者阅读，有效表达数字所要传达的信息。示意图是将统计图表进行形象化制作，更加直观地表达数据想要说明的内容或者意义，如饼状图、柱状图，鲜明、生动。新闻地图是根据实际的地图为制作基准，依据新闻事实发生的坐标以地图形式进行直观化处理。

新闻图示的独特传播优势主要体现在：① 能够有效地传达新闻事实的主要信息、核心信息，删繁就简。② 可以传达比其他视觉新闻更多的有效信息。③ 综合运用各种图像元素以及数字、标记、语言等元素，形象性、象征性的传达一条完整的新闻事实。

图示作为一种简洁有效的传播方式，一方面和报纸的传播方式相适应，另一方面又满足了读者"读图"的要求，因而在现代报纸中得到愈来愈多的应用。数字出版时代报纸媒体应适应这种趋势，才能在竞争中求得一席之地。

图4-24 《新京报》2010年12月22日A20/A21版

　　【分析】 图4-24的版面中主要报道内容为近期5条郊区地铁线将集中开通。《新京报》采用系列报道，用制图的方式揭秘"京郊新干线"。从站点到换乘，全面解读每条线路的特点，实用性较强。整个版面构图巧妙，信息丰富。

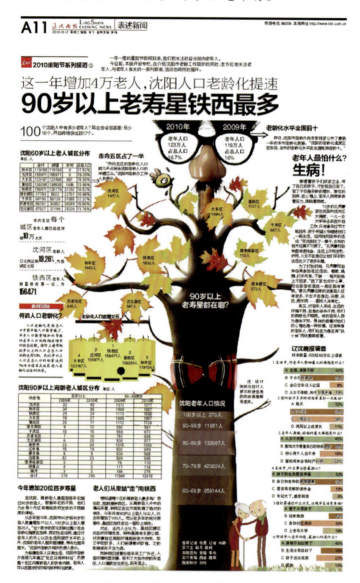

图4-25 《辽沈晚报》版面

　　【分析】 图4-25的版面是《辽沈晚报》报道关于人口老龄化的专题版面。设计中版面编辑别出心裁地用一棵老树作为图示示意，使原本枯燥乏味的数字说明瞬间变得活泼生动起来，引人入胜。通过这样的版面可以领略到新闻图示的意义。

图4-26 《京华时报》2014年3月9日13版

【分析】 图4-26中的版面所要报道的新闻内容主要是以新闻图示的形式展开，有完整的新闻要素，独立的新闻标题，以图、表为主要视觉元素对新闻事实进行形象化的报道，具有较强的视觉传达艺术性。

图4-27 《新京报》2010年11月28日B1版

【分析】 《新京报》2010年11月28日"地球周刊"特别策划的《后汽车时代》，封面插图清新淡雅，轻松活泼。通过这样的图示引起人们反思汽车文化，回归绿色出行，后汽车时代已经悄然来临。（见图4-27）

五、图 饰

图饰与图示不同，在新闻报道中图饰不具有传播新闻信息的功能，只是版面中的一种装饰，活跃版面气氛，在报纸版面中俗称"报花"。图饰通常是用美术图案点缀和美化报纸的报头、报眉、标题等版面部位，或在一些特殊报道内容的重要版面上点缀标题、正文，使整个版面显得更加富有美感。此外，长期在固定版面或者版面固定位置使用的图饰还有一种明显的标志性作用。

从版面类型上看，图饰在一份报纸的专题版和副刊上备受青睐。在传达版面编辑思想、形象标志版面或专栏方面作用明显。图饰用在版面标题中时，一定程度上能够引领读者更好的理解和接受报道文章的内容。但如果版面内容价值重大急需传播，或者版面中已存在大量图片，图饰的使用则需要谨慎，要少而精。

数字出版时代，对于图饰的选择、制作和使用也有了新的标准和要求，但唯一不变的准则是图饰要与报道思想、编辑思想相符，并应能更好地体现版面编辑的编排思想。

图4-28（1）《新快报》2009年6月10日B01版　　图4-28（2）图4-28（1）的版面图饰

第三节　新闻图片的选择标准

数字出版时代报纸或者其他平面媒体对于照片的重视程度自然不用多赘述，以报纸来说，一些报纸甚至不惜版面，用整版篇幅刊登独幅新闻照片。但对于图片的使用却不可通过采用照片的量来加以衡量，应该切实选择那些具有较高质量的图片。新闻图片的选择标准可从两个角度来进行阐述，一是从版面编辑的主观性，二是新闻图片的客观性。

一、版面编辑新闻图片选择的主观性

图片对于版面编辑而言是一项重要的新闻产品，能不能入版面编辑的"法眼"首先是基于版面编辑的主观意识和感性认知。版面编辑的综合素质如何将直接影响到新闻图片的选择和编辑。因此提高版面编辑的综合素质，将版面编辑的主观意识努力提高到客观认知非常重要。

（一）具有高度的政治敏感、新闻敏感性，熟悉新闻传播规律与规定，有良好的鉴别能力

《人民日报》总编辑邵华泽针对新闻图片的选择与使用问题曾说过，好的新闻图片应具备几点：一是导向正确，图片所反映的内容是真实的，立意是正确的，产生的效果是积极的；二是新闻性强，反映的是最新近发生的事，这是同艺术摄影最大的不同之处；三是形象生动，画面有创新；四是反映本质，这是最高标准、最高层次；五是图像清晰，这是最起码的要求。邵华泽总编辑的观点在数字出版时代对于新闻图片的选择和使用也无疑是值得参考和借鉴的。透过这五点可以发现，选择新闻图片的首要标准就是要有导向性，这里的导向性主要是政治导向和舆论导向。

新闻报道负有政治导向和舆论导向职能，这种职能的最终实现是与国家政策法规、社会伦理道德、受众风俗习惯等客观因素密切相关的，因此版面编辑首先要具有强烈的政治敏感和新闻敏感。面对铺天盖地的新闻图片，版面编辑要清醒地知道哪些图片可以作为新闻产品通过版面对外进行传播，哪些不可以传播，是否符合选用标准，这就要求版面编辑要提高自身的鉴别能力，要熟知新闻传播的规律与规定，不能停留在新闻图片本身，而是要充分考虑到传播后的影响和后果。这种鉴别能力既是对图片本身的鉴别能力，也是对图片背后的新闻事实的鉴别能力。如发生在2007年的"华南虎照片"事件，当时可谓轰动全国，从事件本身到图片都有着很强的社会影响力和受众吸引力。该照片经过了长时间的层层论证后为假图片。虽然事件在媒体报道之后质疑声就未间断，但该图片在媒体中的出现会给读者带来一种信息误导，作为版面编辑应该引以为鉴。再如2013年3月25日中国新闻网刊播一则深圳"90后"女孩当街给残疾乞丐喂饭感动路人的新闻，并配有一幅女孩单膝跪地给残疾老人喂饭的照片，可以说瞬间感动大江南北。但事后不久该新闻被证实为假新闻，该图片为"摆拍图片"。这样的照片违背了社会伦理道德，从媒体角度来讲又一次给广大的受众带来信息误导，作为版面编辑也要从中汲取教训。

编辑在选择图片时，除了要考虑到上述各种因素外，还要考虑到一些更细节性的内容，

如所选择的图片是否该发头条？占多大的版面空间？排在什么位置？用单幅还是组图？做配图还是独发？这都依托于版面编辑的政治敏感、新闻敏感、对新闻传播规律与规定的熟悉程度，以及对于新闻的鉴别能力来做出准确、及时的判断。

新闻图片看似只是一张图片，但从选择到使用可以释放出更多图片本身之外的能量，版面编辑对于图片的选择和使用不仅仅局限于"眼睛"。版面编辑应该有一种前瞻意识，这种前瞻意识可以促进自身加强对版面的认识和理解，通过每一次版面操作逐渐塑造一种新闻图片报道策划的能力，这样可以与新闻摄影记者、文字编辑形成一种有力的报道配合。

（二）掌握新闻摄影理论和技巧，独具慧眼

版面编辑每天都会面对众多的新闻图片，如果在选择新闻图片时不能独具慧眼，就很难选择出最具有表现力，最具有新闻价值、社会价值、文化传播价值的图片，甚至会把好的新闻图片遗漏，造成不可弥补的损失。版面编辑要想独具慧眼，实现慧眼识金，除了自身的政治敏感、新闻敏感、新闻传播意识、鉴别能力之外，还要掌握一定的新闻摄影理论和技巧，透过新闻摄影记者视角来选择图片。

新闻摄影记者区别于艺术照片摄影师，新闻摄影记者在拍摄图片时一般会考虑两个基本问题，即新闻事实和美感。但新闻图片毕竟是对于新闻事实的瞬间捕捉和记录，对于信息传播具有直观性、形象性的同时也存在着信息传递片面、报道主题不明确等方面的不足。版面编辑如果具有一定的新闻摄影理论知识和技巧，可以选择出对比之中最优图片，最大限度地去弥补这一不足。如图片拍摄时的角度的选择，从纵向来说，有平角、仰角、俯角，从横向来说，有正面、侧面、斜面，不同角度对于新闻事实、报道主题有着的不同影响；构图上的差异可以形成不同的视觉中心，表达的信息主体也将发生变化；光线变化影响图片明暗效果，可以让读者有不同的视觉感受，对于新闻信息的认识也会产生区别；拍摄距离的远近，会呈现出不同范围的画面，传递出的信息也存在差异。总之，新闻摄影师的拍摄水平和技巧直接关系到图片新闻报道的质量，同理，版面编辑对于新闻摄影理论的掌握程度也会关系到新闻图片能否发挥出其应有的价值。

此外，版面编辑的新闻摄影理论和技巧可以帮助自己深化提炼出崭新的主题，以小见大，以旧翻新，以弱克强，使相同的题材顿时别样摇曳生姿、顾盼生辉。还可以主动选择新闻报道主题，策划采访报道方案，布置摄影任务，站在不同的角度为摄影记者指明方向，从另一个深度给予摄影记者思考和思想，以便获得更高质量的新闻图片。

（三）博学多识，提升文化素养和新闻写作能力

新闻图片只是新闻主体一瞬间的典型影像，在报道上存有片面性，不可能将新闻内容清晰且完整地表现出来，不可能将新闻的报道主题和思想全部传达出来。因此，版面编辑在使用新闻图片时必须加以必要的文字说明。新闻图片的文字说明不同于消息、通讯、新闻评论等一切新闻报道体裁，具有自身的特点和要求。为了能使一张普通的新闻图片熠熠生辉，就需要为新闻图片撰写出一条精彩的图片标题或拟写出一段出彩的妙文。新闻报道内容有异，新闻图片有别，在不同的报道时期、不同的版面、不同的位置，文字说明的拟写都会产生差异，要求版面编辑做到博学多识，具备深厚的文化底蕴和新闻写作能力，能够透过图片表象看到本质，能提升能衍化，能以优美传神的文字描绘出新闻图片的真谛。

二、新闻图片的客观性

报纸版面中所选择的图片从广义上说通属于新闻产品，其反映的新闻事实的新闻价值、社会价值、文化传播价值，是图片或版面传播的核心内容。如果所选择的图片具有很好的艺术性，但所能够反映的事实空洞无味，甚至是虚假的，不符合"三大价值标准"，也就不能称之为一张优秀的新闻图片，更不能在版面中出现。

（一）新闻图片要符合三大价值标准

1.新闻价值体现

新闻图片特别强调画面内容的真实性，这是首先要保证和确认的，这种真实性具体包括画面内容真实、画面中新闻形象真实、新闻人物表情真实、新闻细节真实、新闻现场氛围真实。（见图4-29、图4-30）版面选择新闻图片时，要和对待文字新闻产品一样具有怀疑精神，应该严格地分析每一张新闻图片。如果发现新闻图片与新闻事实不相符，要以严肃认真的新闻态度进行核实，坚决杜绝新闻摄影记者摆拍或造假。当新闻图片传递的内容违反常识或者不符合情理、新闻图片与文字内容存在矛盾、图片内容没有得到核实时，切记谨慎选择和使用。

图4-29　草根"奥运"走过二十五载　　图4-30　生命的合力

【分析】图4-29为第二十三届中国新闻奖获奖作品，作者王晓龙。该作品于2012年2月6日首次刊发于《宁夏日报》第二版要闻，题为《草根"奥运"走过二十五载》。

该图所表现的内容及背景：乡村群众性体育活动匮乏，拖了小康建设的后腿。而宁夏一个偏远的山村，居然25年来办了11届村农民运动会，全国罕见。结合农村生产、生活实际，运动会随时增减项目——昨天还在田里耕作的毛驴，今天就成为"骑驴比赛"的"主角"。村运动会被村民们亲切地称为"咱村的奥运会"。对丰富偏远山区农民文体生活，促进民族地区和谐进步发展具有特殊的现实意义和示范作用。

2012年春节期间，宁夏日报社开展了"新春走基层"活动，让该图作者结缘苍湾村。农历正月十一，在前往海原县采访民间家族社火的路上，得知数十里的大山深处的苍湾村正在举行农民运动会，尽管山路崎岖又刚下过雪，作者当即决定徒步前往。

来到皑皑白雪覆盖的苍湾村，骑驴、打梭、抓子等民间特色项目，生动有趣，村民参与积极性很高，作者被深深感染，不自觉地参与其中，拍下了山里人自娱自乐、妙趣横生的独特运动场面。据了解，该运动会从1987年起已举办了11届，而且规模及影响力也逐年扩大。

报道后，苍湾村的农民运动会得到了社会各界的广泛关注及支持，使运动会得以每年一届持续办下去。2013年的第12届苍湾村农民运动会上，海原县文化部门更是将文化大篷车开到比赛现场，为前来参赛、观赛的数千名群众演出。比赛项目翻了一番，达到20多个，周边的五六个村子的群众主动参与比赛，规模扩大，人数增加，在一片山乡形成群众体育活动的燎原之势。该作品被评为2012年度宁夏新闻奖一等奖。

图4-30为第二十三届中国新闻奖获奖作品，作者范群。该作品于2012年1月15日首次刊发于《姑苏晚报》第一版，题为《生命的合力》。

该图所表现的内容及背景：在寒冷冬雨淋湿的城市里，明亮的路灯下，一群人正在河岸上救捞一位落水的老人，这些自发救人的路人在冬雨中全然不顾地上泥泞，有人拿木棍、有拽着老人的衣服，用尽各种办法抓住老人不放手。紧张的现场形成了生命的合力，身后虚化的汽车产生了强烈的现场感。没有出色的构图和光线，画面简单，记者敏锐抓取了生命合力的瞬间，简单的画面中流露出冬夜里的温暖，流露出充满温情的人文关怀。

"当晚，我开车从干将路回单位，恰好路过陈老伯落水的现场，强烈的职业敏感驱使我立刻靠边停车，快速地下车奔向出事的地方。我在现场看见，众人正在奋力将老伯从河里救捞起来，于是拿出了不离身的相机，按下快门定格了这一令人感动而为之振奋的瞬间。

这是一幅城市英雄的群像图，是一曲讴歌草根好人义举的赞歌。在街上不敢助人以及危难之际冷漠以对的事件各地多发，从而引发了'警惕道德危机'的呼声，这张新闻图片向人们展示了一座城市里平民道德向善的主流。随后，我和同事依据《生命的合力》图片中的人物形象，在目击者和热情读者的协助下马不停蹄地奔波寻访到11位救援者。最终，这些平民英雄都受到了苏州见义勇为基金会的表彰。这些平凡人的道德境界是社会之福，有读者看了报道在网上留言：生活在这座城市里真是幸福，因为苏州城里好人多。"

（内容来源：中国记协网）

2. 社会价值体现

凡是优秀的新闻图片，都有着深刻的社会价值体现。这里的社会价值主要指新闻图片具备深刻的时代背景和社会意义。版面编辑在选择图片时，要仔细探悉其社会价值和时代意义，是否符合当前的社会舆论导向，具有积极正面的传播效果，是否可以传递正能量，是否符合受众意识形态。社会价值的体现还表现在新闻图片是否充满人文情怀，是否贴近实际、贴近生活、贴近群众。好的新闻摄影要学会把镜头指向社会群众。此外，版面编辑在选择新闻图片时也要注意通过新闻图片体现媒体的舆论监督作用。新闻图片理应反映事实，体现社会主旋律，但作为媒体不可报喜不报忧。面对现实社会的种种不耻现象，如腐败现象等，版面编辑要敢于选择那些惩恶扬善的图片（包括新闻漫画），激浊扬清，抨击时弊，端正风气。事实证明，当媒体将图片报道作为新闻监督的手段时，可以收到意想不到的社会效果。

但图片选择和使用要注意尺度，如犯罪场面细节展示、事故现场细节展示、灾难现场细节展示、淫秽行为细节展示的图片则不宜选用。刊登上百幅"歌功颂德"的图片不一定引人注意，而一幅批判图片则可以强烈刺激受众情绪，强化新闻报道。具有社会价值的新闻图片才是广大读者期待的。

3. 文化价值体现

报纸作为一种特殊的文化产品可以作为永久保存，作为文化产品重要构成元素的新闻图片同样值得收藏和分享。从文化传播的角度看，新闻传播的影响不是即时的，而是具有一种持久性，可以深刻，可以深远。新闻图片一旦在版面中出现，将可以作为重要的文献资料长久保存，承担着文化传承和积淀的角色，并成为历史文化的一部分。

正是因为新闻图片承载着文化价值的体现，以及文化的积淀，所以版面编辑在选择新闻图片时要注意其文化影响，尽可能减少选择那些文化传播价值不大的图片。

（二）新闻图片要具有艺术性

1. 具有视觉冲击力和感染力

新闻照片除了传递信息外，还可以美化版面。这种美化作用首先要具有艺术感染力和视觉冲击力，这样可以给读者带来审美享受，对版面的美化作用也更加明显。一幅具有视觉冲击力和感染力的新闻图片要力求做到新颖、生动、有趣。

新颖，指版面编辑在选择时，要把握那些在表现形式上与众不同，有一定的特色，而不是平庸模仿的，更不是落入俗套的图形。

生动与有趣，指版面编辑要选择那些具有"动感"的图片。从受众心理角度分析，具有动感性的图片给受众的刺激性更为强烈，可以更有效地吸引受众的注意力。新闻图片的生动、有趣一方面取决于所拍摄的新闻事件本身，另一方面取决于新闻摄影师在拍摄时的艺术技巧，比如摄影师是否善于抓拍那些最具有动感、最具有气势、最精彩、最典型的新闻瞬间；摄影师是否可以选择到最佳的拍摄角度将新闻细节"请"到镜头之中；摄影师是否可以以有思想、有风格、有特色、有主题的拍摄手法将新闻场景、人物、事件记录下来。

2. 具有画面表现力

新闻图片的表现力主要指新闻图片所呈现出的画面是否具有层次感，是否具有对比性。画面的层次感和对比性是出于编辑图片的角度考虑，如果图片层次不清、画面模糊、视觉中心不突出、表现主体不明显都会严重影响到图片编辑对于图片的处理，进而影响到图片的视觉效果，甚至会影响到最终的印刷效果。如果遇到彩色照片的选择时，版面编辑还要注意图片画面的色彩不宜过于繁杂，画面劲舞不能支离破碎，否则不能很好地突出画面重点，也不利于版面的美观、整体和谐以及版面风格。

3. 具有意境与意味

新闻图片还应具有一定意境和味道。这要求新闻图片应该具有一定的深度内涵，在传递信息、给予受众美的享受的同时，可以引发受众思考，带领受众进入一种意境之中，让受众有一种心灵的触动。如曾经获得世界新闻摄影比赛最佳新闻照片奖的作品《乌干达旱灾的恶果》（见图4-31）。这一新闻图片画面简单，呈现在读者视线中的是一只肥大白嫩的大手托着一只干瘪黝黑的小手。就是这一简单的画面，但隐含着丰富的信息，令人深思，意境深邃。再如曾获得普利策新闻摄影奖的作品《饥饿的苏丹》（见图4-32），画面内容也极为简

单。在苏丹闹饥荒的大背景下，一只秃鹫虎视眈眈地盯着一位倒地的瘦小女孩。这幅图片既让读者身临其境地感受到了饥荒下的苏丹人民的疾苦，又激发读者去深深的思考其中的内涵。图片表现力和意境应该是对于新闻图片最高层面的要求。

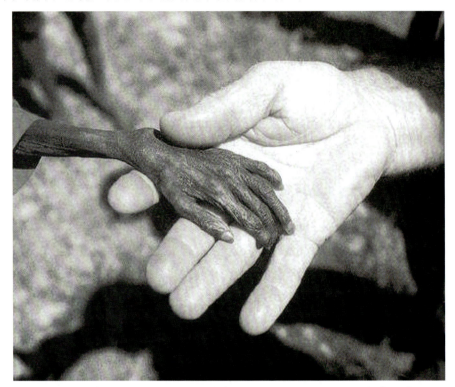

图4-31 乌干达旱灾的恶果（来源：世界新闻摄影比赛官网）

图4-32 饥饿的苏丹（来源：《普利策新闻摄影作品赏析》）

第四节 新闻图片的裁剪

毋庸置疑，新闻图片作为照片的一种，同样要考虑构图。好的构图有助于读者清楚而方便地抓住所要传播的重要信息。但版面编辑面对的新闻图片并非都是上等作品。《人民日报》副总编辑李仁臣曾说过，一张报纸照片用得好，不仅是记者或通讯员拍摄得好，其中更包含老总的决策和编辑的辛苦。"编辑的二次加工，是对新闻照片内涵的再度挖掘，是对新闻照片的包装打扮，使之在版面上'亮'起来。是编辑的呕心沥血，才使记者和通讯员的千辛万苦在版面上得到比较完美的体现，是记者、通讯员和编辑共同创造才使一幅新闻摄影佳作有了更大的价值。这也是摄影记者、通讯员对遇上一个好编辑无限感激的原因。"

由此可见，为了使新闻图片更好地发挥出价值，为了增强报纸版面的整体吸引力，为了新闻信息传播更有力，版面编辑对于新闻图片的二次加工是不可缺少的重要环节。在数字出版时代，面对海量的新闻图片，怎样适应读图时代的要求，如何让一张新闻图片主体突出，"跃"进读者的视线是新时期版面编辑所要承担的重任。这一重任落实到版面编辑的具体操作则是对于新闻图片的裁剪修补。

一、裁剪图片的意义

孔繁根在其所著的《摄影采访与图片编辑教程》一书中提出："新闻照片裁剪具有重新安排构图、加强画面力度的作用。"孔繁根的这一语道破了裁剪图片的重要意义。

（一）让主题更加鲜明

新闻图片的主题往往深藏于图片的主体之中。在新闻图片的拍摄时不可能只拍摄主体部分，难免会将旁枝杂叶取入景中，为了突出主体必须剪掉冗杂的部分，这样可以使主体更加突出。比如在一幅新闻图片中要强调新闻细节，就必须紧紧围绕着要强调的部分做特写式裁剪，以此突出主题。

（二）修正构图

摄影构图是每一位摄影师在拍摄时首先要考虑到的问题，但在实际拍摄中难免会受到拍摄时间、拍摄角度、拍摄距离等客观因素的限制，这样很容易造成图片比例不当等问题。因此版面编辑在遇到这种情况时，要根据所报道的新闻事实和文字内容对照片进行认真分析，精心修剪，找到"骨干力量"，让图片主次分明，"主体"与"衬体"庄谐相宜。"主体与衬体的位置，主要是由画面上人物的视向、比例大小、人物动势的强烈程度、色彩的鲜明与否等因素决定的。" 通过裁剪，可以让画面构图显得更加精准，画面内容更加集中、完整，从而让读者的注意力更加集中。比如报道典型人物或群体人物的新闻图片，画面应以人物的近景特写镜头为主或中景画面为主；报道新闻事件或报道事业发展、成就等的新闻图片，应以中景画面表现形式为主。

（三）使画面形式更加完美

新闻图片的可看性能够激发读者去很好地把握新闻图片的内容核心，保证内容传播的完整与完美。裁剪可使图片的光、形、色、质得到统一，使传播内容与传播形式之间形成博弈之势。对于画面形式的完美追求，还要考虑到版面上其他图片的使用，彼此之间要形成统一体，服务于整体版面，不同的图片之间存在着"组合"的关系。另外，版面文字块的形式设计也影响着新闻图片的存在形式，尤其是对于配图而言，新闻图片处于一种配角位置，要以最佳的形式去搭配文字块，服务于文字报道内容。因此，版面编辑即使面对一张完美的新闻图片，有时依然要"忍痛割爱"。

二、裁剪图片的原则

（一）视觉中心原则

所谓图片的"视觉中心"，指图片传递新闻事实时所要表现的新闻事件的主角——人物、事物或者物体，图片的视觉中心可以让读者清晰了解核心内容，有的放矢地读图。在图片裁剪工作中，要准确地把握视觉中心原则，以中心突出重心，有效地突出主体，提高图片冲击力和充实图片信息量。

确定图片视觉中心并非难事，新闻图片的视觉中心一般是和新闻事实的报道主题密切相关的，只要明确了报道主题，画面视觉中心自然就明了了。但问题在于，视觉重心与其周围的事物之间存在一定联系，而视觉中心本身也存在"内部矛盾"，在进行图片裁剪的时候，必须注意到这些因素。换言之，有时画面需要以视觉中心来表现报道主题，有时则需要衬体来烘托视觉中心，从而将新闻报道主题表现得更加淋漓尽致。

（二）视觉动态原则

图片中的视觉动态，其实是一种图形位移，它是根据读者视线的变化而发生读图位移，即眼睛观看整个视觉范围时的移动。

在裁剪图片时，对视觉位移原则的遵守主要表现在对于图片画幅的确定上。版面上图片的画幅一般分为横幅和竖幅，竖幅图片会引导读者的眼球进行上下运动，从而获得图片信息内容，在此情况下无须对图片做横幅裁剪处理。横幅图片会引导读者做横向的实现移动，那么同样没有理由把画面裁剪为竖幅。

不同画幅的裁剪可以造成图片不同的艺术效果，如横幅图片可以比较全面的介绍新闻事件本身的背景细节，可以有效展示新闻现场的气氛，具有真实感。但横幅图片容易造成读者视线混乱，对于主旨信息的传递不明了，或者会抑制原有信息的传递。如果按照竖幅图片进行裁剪，通常可以分离被拍摄到的人、事、物，可以有力排除一些相对冗杂的背景细节，让读者视线有序、顺畅，但也容易造成裁剪后的画面失去之前的某种新闻气氛。因此，对于新闻图片的裁剪要充分考虑画幅对于所报道事实的重要性。

（三）形式服从原则

这是裁剪图片的又一重要原则。形式服从原则主要表现在两个方面。首先是裁剪后图片形式服从于画面本身所要表现的思想内容，服从于报道思想。其次是裁剪后的图片形式服从于整体版面的设计需要。对于形式服从于报道思想这一方面在前面"新闻图片作用"一节已经详细阐述，在此对于着重讲一下后者。

报纸媒体对新闻进行报道时，尤其是在对一则完整的图文报道进行版面设计时，版面编辑必须准确判断图片的中心和重心，并且要充分考虑图片在版面上的位置和空间大小。如果一幅新闻图片其视觉重心在左方，那么应该把文字块排放在图片的右边，如果一幅新闻图片的视觉重心在右方，那么应该将文字块排放在新闻图片的左边，只有这样，才能确保版面的整体平稳，否则就会让版面失掉重心，影响版面的整体美感。除了图文位置关系的考虑以外，版面空间的大小也会对图片的裁剪产生影响，从视觉感受来讲，人们比较容易接受黄金比例1：0.618，但从当今数字版面的编辑、设计角度可以发现，对于新闻图片的裁剪已经不完全拘泥于相对死板的形式要求，而是以整体设计的效果为重，在图片裁剪时可灵活处理。

第五节　新闻图片说明文字的写作

随着信息传播的不断发展，报纸越来越重视新闻图片的运用，作为新闻图片的重要组成部分——文字说明，同样是非常重要的内容。作为版面编辑要清晰地意识到新闻图片文字说明的地位与作用，要做好图片文字说明的写作和编辑工作。

一幅好的新闻图片要配上精彩的图片文字说明。图片的文字说明不仅表达图片本身的信息和意义，也提供图片之外的信息和价值；图片说明既帮助读者准确解读图片，也提升图片的分量和价值。从版面新闻图片信息传播的效果可以看出，新闻照片的最大不足，就是很难对新闻事实进行深层次描述，往往只能停留在信息浅表层次的感性传播上。要使读者了解新闻事件的背景、特点，必须要通过图片文字来说明。一则好的图片说明本身就是一则短新闻，它对图片起着介绍情况、说明背景、深化主题、烘托气氛、点缀意境的作用，一则好的图片说明能使新闻图片如虎添翼，更加有效地传递新闻信息。（见图4-33、4-34）

图4-33 我航空母舰顺利进行歼-15飞机起降飞行训练

【图片简介】

作品标题：我航空母舰顺利进行歼-15飞机起降飞行训练

参评项目：新闻摄影

作　　者：查春明

刊播单位：新华社

首发日期：2012年11月25日

刊播版面及版次：新华社通稿

图片介绍：

2012年9月25日我国第一艘航空母舰"辽宁舰"交接入列后，紧张的出海训练和科研实验任务期间，11月下旬顺利进行了歼-15飞机起降飞行训练。航空平台和飞机的技术性能得到了充分验证，舰机适配性能良好，达到了设计指标要求。记者查春明按照惯例进行程序报道，全景式反映我航空母舰进行歼-15飞机起降飞行训练的情况，展示了我海军第一艘航母科研实验的进展情况。

报道照片播发后，被《新华每日电讯》《中国青年报》《经济日报》《中国证券报》《北京青年报》《新京报》《羊城晚报》等中央媒体和省级媒体的采用，同时在各个网站被纷纷转载，累计2 090家次。

2012年11月下旬，歼-15舰载机首次在我国第一艘航空母舰"辽宁舰"上成功起降。查春明作为新华社军事记者，有幸亲历和见证了五名试飞员依次驾驶歼-15舰载机，在航空母舰上成功着舰和滑跃起飞的全过程。

航空母舰"辽宁舰"的跑道只有200多米，仅为陆上跑道的1/15。飞行员在空中俯瞰"辽宁舰"犹如一枚邮票大小，体型庞大的歼-15舰载机要在航空母舰的狭窄空间上起降，犹如在刀尖上跳舞。

进入拍摄阵位、抓拍舰载机着舰、追拍舰载机滑跃起飞，查春明逐一拍摄到了5名飞行员驾驶歼-15舰载机成功着舰和滑跃起飞的珍贵场景，记录下了发生在中国海军第一艘航空母舰上的精彩华章。

11月25日，这组照片最先在新华网首页头条出现，又被全国448家网站迅速转发，新华军事的访问量达2 201 488次，新浪微博当日被转发上千次。

新浪微博网友"风生水起每一天"说："舒服，这组照片夜里看完提神，比喝咖啡还提神，算是万里长征迈出了坚实一步。"新浪微博网友"环球音乐放送"留言："新华网的歼-15舰载机着舰辽宁号照片，张张高清！真给力！"新浪微博网友"蹉跎网事"留言："喜欢这些图：承载着大国梦想，起飞！"

11月26日，全国上千家报纸纷纷刊登这组照片，有多家报纸还辟栏登出了摄影画刊。据新华社不完全统计，这组照片被国内外1 938家中文报纸采用，几乎涵盖了全国所有的省地市的报刊。新华社总编室将这组照片评为本周表扬稿。

2012年9月25日我国第一艘航空母舰"辽宁舰"交接入列后，海军官兵以科学求实的态度和顽强拼搏的精神，按计划迅速投入紧张的出海训练和科研试验任务中。期间，顺利进行了歼-15飞机起降飞行训练。航母平台和飞机的技术性能得到了充分验证，舰机适配性能良好，达到了设计指标要求。

歼-15飞机是我国自行设计研制的首型舰载多用途战斗机，具有完全的自主知识产权，可遂行制空、制海等作战任务，飞行性能良好，配挂多型精确制导武器，具备远程打击和昼夜间作战能力。

　　该组图片荣获第二十三届中国新闻奖报纸新闻摄影三等奖。

图4-34　农民工子女圆梦"红舞鞋"

【图片简介】

作品标题：农民工子女圆梦"红舞鞋"

参评项目：新闻摄影

作　　者：陈斌荣

刊播单位：《余姚日报》

首发日期：2012年7月5日

刊播版面及版次：5版（视觉生活）

图片介绍：

　　这组照片主题鲜明，题材新颖。作者选取了大众普遍关心的农民工子女这一题材，独辟蹊径进行纵深开掘，直观地揭示了关爱"小候鸟"这一主题：当很多地方尚未解决农民工子女温饱、上学难等问题时，余姚已开始了更高层面的关爱，即面向农民工子女开展免费舞蹈培训，圆了农民工子女的艺术梦想。从这个意义上考量，这组作品在中国社会发展的进程中具有重大意义，具有很强的典型性和示范性，也恰到好处地呼应了十八大报告中提出的"积极推动农民工子女平等接受教育，让每个孩子都能成为有用之才"的题中之意。

　　这组照片视觉独特、瞬间动人。作者用不同景别、不同角度讲述了20名农民工子女圆梦"红舞鞋"的故事，真切地展现了孩子们的欣喜和认真，画面感染力和视觉冲击力都非常强。

　　这组照片发表后，好评如潮。《人民日报》海外版为该组照片配发的评论《有梦想，就有未来》指出："为农民工创造更好的条件，为每一个人提供改变命运的平等机会，生活才会更加幸福、更有尊严，社会也会更加和谐、充满希望。"

　　得知余姚市青少年宫要举办新小公民"红舞鞋"夏令营后，记者陈斌荣从6月26日夏令营开班之日起，历时9天时间深入到余姚市青少年宫和农民工子女居住的出租房进行全程跟踪采访拍摄。记者用独特的社会视角、精到的新闻画面和纯熟的镜头语言生动地讲述了20名来自全国各地的农民工子女在余姚圆梦"红舞鞋"的故事。

7月5日，《余姚日报》以《农民工子女圆梦"红舞鞋"》为题整版篇幅刊登了这组报道。

这组照片见报后，引起了社会的强烈反响，得到了社会各界的广泛好评。《人民日报》《新华每日电讯》《人民日报》海外版、《经济日报》《农民日报》《工人日报》《中国青年报》《中国妇女报》《人民政协报》等全国70多家主流媒体在显要位置刊发，其中，8月24日《人民日报》海外版在视觉广角版以《踮起的脚尖努力够着梦想——农民工子女圆梦"红舞鞋"》为题整版篇幅刊发，并配发了《有梦想，就有未来》的评论文章。同时，新华社以通稿形式播发了6张照片。

另外，该组报道还被中国政府网、中国文明网、人民网、新华网、中国网、光明网、中国日报网、中国社会科学网、中国网络电视台、中国广播网、中国教育新闻网、新浪网、搜狐网、网易、中国文艺网等全国数百家互联网站转载，境内外众多网友给予了高度评价。

6月26日，由市青少年宫举办的首期新小公民"红舞鞋"夏令营开班。夏令营面向农民工子女开展免费舞蹈培训，来自贵州、安徽、四川、湖南等省的20名8至12岁的农民工子女穿上了梦想已久的"红舞鞋"。

9岁的李悦来自贵州赫章县，父亲以收废品为业，母亲平时揽些零工补贴家用，家里每个月的收入除了交房租就只能维持六口人的基本生活。李悦父亲李伟告诉记者，李悦从小就很喜欢跳舞，以前经常对着电视面画学人家跳，但对于我们这样的家庭条件而言，送孩子去学舞蹈只能是一个无法实现的奢望。这次新小公民"红舞鞋"夏令营让她梦想成真了。

为了让这20名孩子度过一个愉快而难忘的夏令营，市青少年宫对孩子们的学习生活进行了周到的安排，选派了最有经验的四名舞蹈老师负责教学，安排了形体训练、民族舞组合、儿童舞、舞蹈赏析等课程内容，还给每位孩子精心准备了漂亮的舞蹈练功服和红色舞鞋，并对培训期间的午餐、午休和课外活动等进行了精心安排。据市青少年宫主任姚文倩介绍，新小公民"红舞鞋"夏令营是市青少年宫今年首次开展的暑期免费公益培训活动，旨在关注在余姚务工的外来农民工子女的暑期生活。同李悦一样，20名农民工子女都是第一次接受专业的舞蹈训练，学习过程中难免遇到许多的困难和辛苦，但这些孩子非常珍惜这次培训机会，跟着老师一招一式学好每个动作，从不叫苦叫累，从不轻言放弃，有些孩子连上课的间隙都在温习舞蹈动作。

说起孩子的收获，李悦父亲一脸的喜悦。他说，孩子自从学了舞蹈后，人变得越来越开朗自信，肢体语言也越来越丰富，精神面貌也有了较大变化。每天回到家里，除了帮着洗碗做家务，她还会把当天学习到的舞蹈动作跳给我们看，让我们分享她的进步，那是我们家一天中最幸福的时刻。

据悉，此次新小公民"红舞鞋"夏令营将持续到8月底结束。以后每年暑期，市青少年宫都会举办新小公民"红舞鞋"夏令营，让更多的农民工子女穿上梦想的"红舞鞋"，度过一个充满艺术魅力的暑假。

该组图片荣获第二十三届中国新闻奖报纸新闻摄影三等奖。

【分析】

该组图片的说明文字分别为：

图一：6月30日，20名农民工子女正在练功房排练《爱在人间》舞蹈造型。

图二：6月29日，市青少年宫的舞蹈老师正在教农民工子女学习舞蹈动作。

图三：6月30日，农民工子女们正在练功房练习舞蹈基本功。

图四：6月28日中午，来自重庆的田琪琪和伙伴们正在市青少年宫食堂开心享用免费午餐。

图五：7月2日，来自贵州的李悦站在住处的床上把自己学习到的舞蹈动作跳给家人看，让在外辛劳一天的父母开心不已。

图六：7月4日，来自湖南的成轩在住处把自己心爱的红舞鞋和练功服藏在一个月饼盒子里。

（内容来源：http://news.xinhuanet.com/zgjx/2013-06/24/c_132475323_2.htm）

一、图片说明文字存在的困境

纵观报纸版面中的新闻图片和说明文字，可以发现大部分的新闻图片说明文字都写得比较到位，既能反映事实又不失文采，甚至还出现了不少佳作，给版面增添了不一样的色彩。但是，当前图片说明写作中也存在一些问题和毛病，需要版面编辑认真克服和解决。

当前图片说明写作中存在的主要问题体现在以下方面。

（一）内容片面

造成新闻图片说明文字片面的主要原因是撰写内容过于简单。虽然新闻图片说明文字最基本的一个特点就是简洁，一则说明文字，往往几十个字就可以奏效，内容再多，也不能长过百字，文字过长就会显得繁杂。但说明文字过于简短，就会忽略掉一些有价值的信息内容，不能够清楚地介绍新闻事实，让事实本身的传递受到阻碍，这也违背了新闻图片说明文字写作的基本要求。

（二）冗长拖沓

与"内容片面"这一问题相对的则是"冗长拖沓"的毛病，这样的说明文字直接违背了新闻图片说明写作中的"贵在简洁"的写作原则。尤其是在介绍事件背景材料时往往会出现一般性的材料多，具体鲜活的东西少的现象，这样会使整个文字说明膨胀起来。

此外，造成说明文字的冗长拖沓还有一个原因就是信息重复。其一，重复文字内容。在与文字新闻配发的新闻图片中，经常会出现这样的情况：报道文字已经把所有的信息内容都交代清楚了，但图片说明仍然不遗余力地将信息再重复一遍。其二，重复画面内容。有些新闻图片一眼就能看明白所要表现的内容，但图片说明中还会再细致描述一遍，且并无新的内容。这就要求写作者要在实践中逐步提升，做到思路清晰，提高文字功底。

（三）空洞无物

在图片说明文字中出现空洞无物这样的问题，是受到长期以来新闻报道中"套话太多"

这一现象的影响。有些记者在写稿时，总是会写一些与事实报道无关的套话，甚至在短短十几个、几十个字的新闻图片的文字说明中也有几句套话。

另外一个重要的原因就是内容空泛，所写内容不够全面具体，让读者不能够获取到应该获得的内容，反而心生困惑。曾有这样一幅新闻图片，画面呈现的是一艘轮船停靠在码头上，而该图的说明文字只有4个字"客运码头"。这样的说明文字过于空泛，不但没有传递出翔实的信息，反而会影响受众的理解。

（四）文法不通

新闻图片的说明文字本身就非常简短，要求写作者必须做到精炼、准确，同时要注意语法和用词。如果在简短的文字中再出现用词不当，或者文法不通的问题，那就更无法传递信息了。因此在撰写说明文字时，必须做到字斟句酌，决不允许有一点马虎大意。如在一些成绩报道的图片说明文字中"优越""先进""优良""卓绝""优异""杰出""精良""非凡""突出"等近义词语一同出现。

另外，还有的说明缺少句子成分、指代不明。

（五）枯燥无味

有的新闻图片的文字说明太干瘪，写作模式化，表达欠生动。图片文字说明要求新闻要素齐全，但在表达方式和手法上应该灵活多样，富有吸引力，甚至要大胆创新。枯燥无味的问题主要出现在会议类、工作类、时政类的要闻新闻图片中。如批评报道的图片说明中"横行""强悍""野蛮""欺行霸市""强势""专制""严肃查处"等经常可寻；会议报道图片"贯彻""实施""施行""实践"等屡见不鲜。这些文字味同嚼蜡，使人不忍卒视。

数字出版时代对于报纸版面的新闻图片要求"秀外慧中"，这些问题的存在，妨碍了读者对照片的理解，阻扰了读者对于信息的获取，影响了新闻图片作品的质量，需要每一位版面编辑在实际操作中加以解决。

二、说明文字写作的基本要求

在新闻事业不断发展的今天，数字出版大势所趋的当下，新闻图片成为一种最直观、最快捷、最有冲击力的报道形式。新闻图片重要，图片的文字说明同样非常重要。说明文字的质量如何将直接决定一幅照片能否被刊发的命运。一幅新闻图片的说明文字，不仅在说明图片所承载的新闻事实，也折射出作者对新闻事实的鉴别能力，直观反映出新闻记者捕获抓取新闻的本领。图片说明不同于消息、特写、简讯、评论等一切新闻报道的体裁类型，它与新闻图片同时出现，是为说明画面而存在的。但就本身的写作而言，图片说明也存在一些特点和基本要求。熟悉掌握这些特点和基本要求，是写好新闻图片说明文字的必要前提。

（一）凸显新闻性

图片报道的新闻实质往往隐藏于画面的背后，这就需要图片的说明文字来揭示"图片背后的故事"。图片的说明文字必须有新闻性，凸显新闻价值。否则，图片新闻本身的新闻价值就无从显现。一则图片的说明文字必须要把新闻事实的基本要素介绍清楚，即何人

（Who）、何时（When）、何地（Where）、何事（What）、何故（Why）、如何（How）。

此外，说明文字要与画面内容紧密结合，说明文字不能随意游离画面，要紧紧围绕画面所承载的新闻事实去撰写。如果文字说明对画面的内容没有涉及、没有介绍，那么这则说明就没有起作用，就是不成功的。同时，这种紧密结合，并不意味着说明文字去单纯地重复画面内容。它要在介绍画面本身的同时，有所提炼，有所升华，描绘出新闻形象的意义、作用、影响和价值。可以总结为：图片的说明文字要源于图片，更要高于图片的画面形象。

（二）注重提要性

新闻图片的文字说明"贵在简洁"。前面提到了冗长繁杂和内容片面两个问题，因此在撰写图片说明文字时必须要把握好"度"，要有一种提要式写作的意识。

这个"要"是所报道内容的主旨所在，即"核心""重点"。对于"要"字的把握，直接影响着图片说明文字的写作质量。一幅新闻图片的说明文字一般在100字左右。也就是说，图片说明要以简明扼要的文字将新闻的主要因素交代清楚，体现出报道内容的精华与关键所在，且要与报道思想和基调保持一致。

（三）注重延展性

写作图片的说明文字不能是片面地表达画面所表达的意思，不能让画面内容与文字内容简单的对位，而是要透过文字让读者感受到画面之外的情感意蕴。对于摄影记者来讲，捕捉新闻事实是最基本的要求，除此以外，他们还会通过镜头去捕捉那些富有"弦外之音"的内容，敏锐地发现新闻事实中最有趣味、最能吸引人和最富有寓意的新闻细节，但这种"弦外之音"的内容更需要图片说明文字来加以阐释。让具有趣味性、情感性和意蕴性的文字与画面意境交融，彼此烘托、产生共振效果，使画面的内涵随着文字的延展而向画外延伸，从而提高新闻图片的价值。

（四）注重文采

"为求一字稳，耐得半宵寒""两句三年得，一吟双泪流"，这些诗句形象地记录了锤炼文字的动人情景，也影射出文字描写的重要性。在新闻图片说明文字的写作和编辑中，不仅仅要停留在简单的叙述层面，还要注意语言的文学性，要让说明文字富有文采。

新闻图片的说明文字可以用多种表达方式来呈现，除了极具叙事功能的叙述之外，还可以兼用描写、抒情、议论、说明等，同时还可以根据实际需要以独特的语言构思和巧妙的句式结构以及富有感情色彩的语调等手法来描绘新闻图片。以此提高图片的视读效果，不仅给人奇特的视觉冲击，更给人情态领域美的享受。

这也要求，无论是记者还是版面编辑都要锤炼自己的文字功底，注重日常积累，多看、多写、多练，从中体验，从中提升。

三、具体写作技巧

前面详细讲述了诸多新闻图片说明文字的写作要求，结合当今报纸版面新闻图片说明文字存在的特点，我们可以发现图片说明文字的内容不宜太多，按照版面概念来讲通常以两三行的容量存在。图片说明文字的具体写作技巧可以总结为以下几点。

（1）图片中直观显现出的事不必赘述。

（2）说明文字要客观真实，不能有主观色彩。

（3）图片信息的交代尽量做到详细但不啰唆。

（4）因为读者知道你拍的是这张照片，说明文字中不必再有（图中所示、如图所示）等字样。

（5）在一些介绍性的新闻图片中，对于文字部分的解释用"右起"，好过"自右至左"。

（6）关于图片信息的交代必须准确无误。

（7）图片说明文字最后一行不能单字成行。

（8）图片的说明文字要鲜活有力。

（9）图片说明文字要与图片展示出的内容一致。

（10）图片说明文字渗透出的气氛要与图片气氛相吻合。

【延伸阅读】

与新闻图片相关的几个奖项

一、普利策奖

普利策奖也称为普利策新闻奖。1917年根据美国报业巨头约瑟夫·普利策（Joseph Pulitzer）的遗愿设立，20世纪七八十年代发展成为美国新闻界的一项最高荣誉奖。到2012年，不断完善的评选制度使普利策奖被视为全球性的一个奖项。普利策奖在每年的春季，由哥伦比亚大学的普利策奖评选委员会评定，当年4月中的一天公布结果，并于5月由哥伦比亚大学校长正式颁发。

普利策奖是一种多项奖，分为两大类——新闻奖和创作奖。新闻奖的获奖者可以是任何国籍，但是获奖条目必须在美国周报(或日报)上发表；这一类的奖项包括普利策普通新闻报道奖、普利策国内报道奖、普利策国际报道奖、普利策调查性报道奖、普利策专业性新闻奖、普利策特写摄影奖等14项。

创作奖的获奖者除历史奖之外必须是美国公民。只要是关于美国历史的书都可获历史奖，作者不必是美国人。这一类的奖项包括普利策小说奖、普利策戏剧奖、普利策历史奖、普利策传记奖、普利策诗歌奖、普利策非小说类作品奖、普利策音乐奖等7项。

从1968年开始，摄影类增设了专题新闻摄影奖，获奖作品通常由一组照片组成。

● 新闻界奖

◎ 普利策优异公众服务奖

◎ 普利策普通新闻报道奖

◎ 普利策国内报道奖

◎ 普利策国际报道奖

◎ 普利策调查性报道奖

◎ 普利策释义性新闻奖

◎ 普利策专业性新闻奖

◎ 普利策社论写作奖

◎ 普利策漫画创作奖（1922年开始）

◎ 普利策现场新闻摄影奖（1942年开始，1968年分为现场新闻和特写）

◎ 普利策特写摄影奖（1942年开始，1968年分为现场新闻和特写）

◎ 普利策评论奖

◎ 普利策批评奖

◎ 普利策特稿写作奖

二、世界新闻摄影比赛（WPP，荷赛）

（一）简　介

世界新闻摄影比赛(WPP)，1955年发起于荷兰，故又称荷赛，被认为是国际专业新闻摄影比赛中最具权威性的赛事。

（二）发展历史

世界新闻摄影比赛(WPP)又称荷赛奖，是1956年由荷兰三位摄影家发起创立的基金会支持的。该基金会的宗旨是：在全世界范围内引起并增强人们对新闻摄影的广泛兴趣，传播信息并加强国际间的相互理解。

2007年2月9日，第50届世界新闻摄影比赛（WPP）——"荷赛奖"获奖作品在荷兰阿姆斯特丹揭晓。中国摄影师获得三项大奖，其中《东方早报》副总编常河"中国动物园"获自然组照二等奖，广州王刚作品"彝族牧羊人"获人物单幅二等奖，《新京报》记者张涛作品"盲人舞蹈队"获艺术单幅三等奖。这是荷赛历史上中国摄影师获奖最多的一届。年度最佳新闻照片由Getty图片社的美国籍摄影师Spencer Platt参赛作品"贝鲁特年轻人开车经过黎巴嫩南部废区"获得。

2009年2月13日，第52届世界新闻摄影比赛（WPP）——"荷赛奖"获奖作品在荷兰阿姆斯特丹揭晓。中国共有六名摄影记者获奖，夺得三个金奖、两个银奖和一个铜奖，是中国媒体历年来获奖最多的一次。

全球金融海啸带来的生活危机、世界各地不断上演的武装冲突、突发的自然灾害——正是时代和历史决定着"荷赛"的基调——此次，来自美国《时代周刊》的摄影师安东尼以一张经济危机主题的照片获得了2009年第52届的年度图片奖。

荷赛奖每年还常增设一些特别奖，如"匈牙利李斯特奖""奥斯卡·巴纳克奖"等。荷赛奖所涉及的题材的多样性使其参赛及获奖照片不但能基本涵括每年的重大事件，也能深入人类的日常生活，荷赛奖的作品已成为人类所处的时代和历史的见证。

（三）奖项设置

"荷赛奖"分为突发新闻、一般新闻、新闻人物、体育动作、体育专题、当代热点、日常生活、肖像、艺术、自然共10类，基本覆盖了新闻摄影的各个方面。每类还分单幅和组照(最多不超过12幅)两项。大赛从所有参赛作品10类20项中评出年度最佳新闻照片一张，并由儿童评委会从当年部分获奖图片中选一张为"儿童奖"。

1.评选程序

评选团评选照片分初评、复评和定评三个程序。

评选之前，评选团成员浏览一遍参赛的数千幅照片，取得印象，基本不问及照片说明。初评时，逐张过目，只要有三张赞同，即可进入复评。复评时，有六票赞同则可进入定评。定评时采用无记名投票方式，得票多者则得奖。

2.奖项影响

荷赛是世界上规模最大、最有威望的新闻摄影比赛之一，它的宗旨是"促进信息的自由、不受限制的交流，鼓励高水平的专业新闻摄影标准"，对全世界新闻摄影事业的发展起了重大的推动作用。世界新闻摄影的规模不断扩大，到现在，每年都有数十个国家近万幅作品参赛，比赛项目发展到9类18项，是世界上参与范围最广、最具代表性和权威性的新闻摄影大赛。它的作品成为人类所处的时代和历史的见证。

3.历届中国获奖

世界新闻摄影比赛的获奖者历来多为西方摄影师，不过近年来发展中国家参赛者迅速增多，中国摄影工作者也曾多次在这一赛事中折桂。

1959年，45位中国摄影家的55幅作品首次参加了第三届比赛，并取得了45幅入选的佳绩。

1988年，第31届荷赛，新华社记者杨绍明（中国前国家主席杨尚昆次子）拍摄的《退下来的邓小平》获得新闻人物系列铜奖，在荷赛奖中实现零的突破。

1996年，第39届荷赛，《山东画报》李楠的作品《聊城少儿杂技学校》荣获艺术类单幅金奖。

2000年，第43届比赛，北京中国新闻社王瑶的作品《60岁重返舞台》获得艺术类组照金奖，拍摄了"中国舞蹈皇后"、60岁的中国舞蹈家陈爱莲。

2002年，第45届荷赛，北京中国新闻社贾国荣的作品《中国体操夺冠赛》获得体育类单幅铜奖。

2003年，第46届荷赛，《天津日报》摄影记者祁小龙的《针灸减肥》获科技类单幅三等奖。

2004年，第47届荷赛，自由摄影师卢广的作品《艾滋病村》获国际热点类照金奖。

2005年，第48届荷赛，邱焰的参赛作品《李小双体操学校》获体育专题类组照三等奖。

2006年，第49届荷赛，《深圳商报》摄影记者余海波拍摄的《大芬油画村》获得艺术娱乐类组照二等奖。《广州日报》社的摄影记者周馨的参赛作品《泰国民众纪念印尼大海啸死难者》获艺术与娱乐类单幅二等奖。

2007年，第50届荷赛，上海《东方早报》常河《中国动物园》获自然组照二等奖。广州王刚作品《彝族牧羊人》获人物单幅二等奖。北京《新京报》记者张涛作品《盲人舞蹈队》获艺术单幅三等奖。

2008年，第51届荷赛，《南方都市报》方谦华的作品《中国万州自然保护区内濒临灭绝的植物》获得自然类单幅一等奖;《天津日报》摄影记者祁小龙的作品《天津茶馆的评书》获得艺术类单幅三等奖;新华社记者费茂华拍摄的作品《2007运动瞬间》获得体育动作类(组照)二等奖。

2009年，第52届荷赛，中国的摄影师大获全胜，夺取了三个金奖，两个银奖和一个铜奖，创造了近年来的最好成绩。

2008年是奥运年，所以体育类的新闻摄影也就成了中国摄影师们表现舞台。其中，新华社的吴晓凌关于柔道选手巴普蒂斯塔的特写《血染赛场》，获得了体育专题类单幅金奖;《中国青年报》记者赵青的组照《北京电视上的奥运会》，以独到的视角，获得体育专题类组照金奖。

汉川大地震也牵动了世人之心，中国一些摄影记者不顾个人安危深入到抗震救灾的第一线，拍下了许多珍贵的照片。《杭州日报》记者陈庆港在四川汶川大地震发生后，拍下的救援部队在北川废墟中救出一名幸存者的照片，获得突发新闻类单幅金奖。

另外，杭州《都市快报》记者傅拥军获得自然类组照二等奖，他的作品是《西湖之畔的树》，展现了西湖的美景与人们惬意的生活，可谓是天人合一。《深圳经济日报》记者赵青获得一般类新闻单幅二等奖，作品为《四川地震的幸存者》，反映了北川的地震幸存者在灾后的废墟上埋锅造饭的不屈一幕。此外，《新快报》李洁军作品获得肖像类组照三等奖。

2010年，第53届荷赛，中国摄影师欧志航的《俯卧撑》获当代热点类组图优秀奖。

2010年，第53届荷赛，《南方都市报》摄影记者方谦华的《被污染的桔子》获自然类组图三等奖。

三、中国新闻奖

（一）简　介

中国新闻奖，创办于1990年，是中国记协主办的全国综合性年度优秀新闻作品最高奖，也是经中共中央宣传部批准常设的全国性新闻奖。开展这项评奖活动的目的在于检阅我国新闻工作的年度实绩，推动新闻改革，促进新闻作品质量的提高，促进新闻队伍的思想建设、业务建设和作风建设。每年评选一次。经党中央和政府有关部门正式批准的报纸、广播电台、电视台及通讯社均可自愿参评。

中国新闻奖共设20个评选项目，其中报纸、通讯社设消息、言论、通讯、系列报道、新闻摄影、报纸版面、新闻漫画和报纸副刊8项，广播、电视设消息、评论、新闻专题、系列报道、新闻性节目编排和新闻现场直播各6项。中国新闻奖采取无记名投票评选。每届设一等奖、二等奖和三等奖，特别情况下还设个别荣誉奖、特别奖。1997年，中国新闻奖增设了新闻论文评选项目，每两年单独组织评选一次。2004年，中国国际新闻奖纳入中国新闻奖系列，在中国新闻奖定评前，举行国际新闻奖复评暨年赛。

（二）由　来

中国新闻奖的摄影奖始于20世纪90年代初期，其获奖摄影作品代表的是中国主流意识形态下新闻摄影的最高成就。经过了二十多年的发展，它跨越了世纪的分界线，记录了中国自20世纪90年代以来的变化足迹，见证了社会改革发展的点点滴滴。通过所有新闻摄影获奖的作品，从中可以看出新闻界的变化态势，以及总结出了中国新闻奖对于新闻摄影价值取向的意义。除此之外，我们还可在获奖作品中将中国新闻奖摄影奖与普利策新闻摄影奖、世界新闻摄影比赛（"荷赛"）进行横向的比对。通过对评奖过程和获奖作品两方面的比较，分析中国新闻奖摄影奖与西方顶级新闻摄影比赛的不同特点，找寻中国新闻奖摄影奖自身的不足以及西方新闻摄影中值得借鉴学习的成分。

（三）评选标准

1.总体标准

（1）以邓小平理论和"三个代表"重要思想为指导，贯彻落实科学发展观，坚持为人民服务、为社会主义服务、为全党全国工作大局服务，贯彻团结稳定鼓劲、正面宣传为主的方针，坚持正确舆论导向，落实"三贴近"要求，社会效果好。

（2）内容真实，新闻性强，时效性强，主题鲜明，富于创新，语言文字生动，制作精良，感染力强，为人民群众喜闻乐见。

（3）倡导短新闻，在同等条件下，短小精炼的作品优先。

2. 具体标准

（1）消息要求新闻要素完整，时效性强，角度新颖，内容充实，信息量大，结构清晰，语言文字精炼，报道准确。

（2）评论要求观点鲜明，论点正确、有新意，论据准确，分析深刻，论述精辟，论证有力。网络评论要求必须有鲜明的网络特色。

（3）通讯要求主题鲜明，材料典型，事实准确，结构合理，语言生动，描写有细节，评议有深度，感染力强。

（4）报纸、广播、电视的系列、连续和组合报道要求主题鲜明，结构完整，多角度，报道全面有深度。

（5）新闻版面要求体现政治性、新闻性、思想性与艺术性的统一，标题准确生动，照片、文字与图示兼顾，编排整体协调，版式设计有新意、有特色，色彩清新明快。

（6）新闻摄影作品要求新闻性强，现场抓拍，表现力强，图像清晰，标题准确，文字说明新闻要素完整，文字简洁。

（7）新闻漫画作品要求能够反映国内外新闻时事，观点明确，构思新颖，新闻性强，思想性强，针对性强，幽默感强，艺术性强。

（8）报纸副刊作品要反映现实生活，引导社会热点，时代感强，思想性强，角度新颖，格调高雅，内容充实，文字生动。

（9）广播电视新闻专题要求主题鲜明，材料典型，事实准确，结构合理，语言（声音、画面）生动，有细节，有深度，音响、画面运用得当，有感染力。

（10）广播、电视、网络新闻访谈要求选题恰当，时效性强；嘉宾有代表性、权威性；谈话主题集中，脉络清晰，结构完整；谈话内容与节目定位、播出时段相适应；语言简洁生动流畅准确；主持人提问、转承自然得当，对现场节奏把握适度；背景资料运用得当。

（11）广播、电视新闻现场直播要求主题重大，策划周密，能够全面迅速准确地采集与传播新闻现场的重要信息，导播调度合理，主持应变机敏，音质画面清晰。

（12）广播、电视新闻节目编排要求主题集中，重点突出，内容丰富，编辑思想明确；内容选择与节目定位、播出时段相适应；节目形式新颖，编排合理，转换流畅；字幕准确，编辑制作水平较高；主持人驾驭节目能力强。

（13）网络专题要求主题得当，特色鲜明；容量大、采集广、更新快；交互性强、表现形式多样；页面结构清晰、逻辑分明、布局合理，页面设计新颖美观，富有特色，达到内容与形式完美统一。

（14）网页设计要求主题鲜明，风格独特；能够完美、准确展示新闻内容、体现首页功能性；布局合理、富于创新；细节精致、色彩协调；符合读者阅读习惯，体现新闻性、艺术性和网络特点的完美统一。

（15）新闻名专栏要求内容选择与栏目定位、版面位置（播出时段）相适应；形式新颖，特色鲜明；文字、声音、画面生动感人；编排制作精良，社会影响较大。网络新闻专栏要求选题重要，信息量大，交互性强，图文音像并茂，编排制作精良，有比较固定的位置，社会影响较大。

（16）新闻论文要求立论正确，论据可靠，论证充分，论述严谨，理论联系实际，重视理论创新。

（17）在全部获奖名额中，报纸通讯社类超长作品不得超过2个；广播、电视、网络、论文超长作品每类不得超过1个。

四、中国国际新闻摄影比赛（CHIPP）

（一）简　介

2005年，在中国新兴的魅力城市深圳，诞生了一个撩动世界的国际新闻摄影比赛的新品牌——"华赛"——中国国际新闻摄影比赛（CHIPP）。

至今为止，"华赛"走过了峥嵘八载，"华赛"的组织工作、接待工作、评选规则和评选结果愈发体现出了"世界水平，中国特点"，在世界范围内所产生的广泛影响和强大震撼，是大大超出人们预想的。

中国国际新闻摄影比赛的永恒主题是"和平与发展"，比赛将遵循国际惯例，评选世界各国新闻记者和摄影师拍摄发表的年度新闻摄影作品，评选出的优秀作品将反映世界的和平发展、表现人类的生存状态、展示民众的命运情感，倡导先进理念：最开阔的新闻视野、最敏锐的洞察目光、最快速的客观反映、最有力的视觉冲击、最优秀的摄影技巧。"华赛"是中国新闻摄影学会主办的大型国际摄影比赛，成为全球新闻记者和摄影师提供新闻摄影作品、学术信息交流和友好交往的平台。参赛者无论国籍和年龄，均可以参与八个类别的比赛。由具有国际性、专业性、权威性的评选团进行评奖，评出的获奖照片，将出版年鉴，进行巡展。

"华赛分类"：首届"华赛"评选按"七大类题材"和每大类题材各分"单幅照片项和组照项"共14项逐项进行。七大类题材分别是："突发与重大新闻""经济与科技新闻""新闻人物现场肖像""社会生活新闻""文化与艺术新闻""体育新闻""自然与环保新闻"（第二届已将第一类分成两类，即"突发性新闻"和"非突发性的重大新闻"，变成8类16项）。

"华赛"是中国新闻摄影界一个里程碑式创举，是中国新闻界向世界展示中国新闻业真实状况的开路先锋。

（二）由　来

"华赛"的成功举办，第一次打破了西方世界对国际新闻摄影赛事的垄断，在中国乃至东方搭建了世界新闻摄影交流合作的新平台，铸就了国际新闻摄影的新品牌。

"华赛"的评选，成为研究探索世界新闻摄影和中国新闻摄影异同的重要基地。首届"华赛"评选结果显示，中国许多优秀作品是世界一流水平，同时也比出了中国新闻摄影的弱点。中国新闻摄影界应在"华赛"获奖作品体现出"世界水平、中国特点"的标准，建立具有世界水准的新闻摄影理念和评判体系，提高到世界水准的摄影报道质量，建设具有世界水准的新闻摄影队伍，加大走向世界新闻摄影一流水准的步伐，对中国和世界新闻的摄影文化建设做出独特贡献。

"华赛"取得的成功，使我们增添了继续办好"华赛"的信心和勇气。中国新闻摄影学会将在各方的关心与支持下，将华赛一年一届长久举办下去，尽快把它铸造成世界的国际新闻摄影赛事名牌。中国新闻人、新闻摄影人，有信心，有勇气，有能力，把具有重大意义的"华赛"办得越来越好，对国家、对民族、对世界做出贡献。

（三）评选标准

（1）内容要真实，着力体现"和平与发展"主题；

（2）作品要形象生动，富有冲击力和感染力；

（3）标题与图片说明准确、简明；

（4）参赛类别要清晰。

五、中国新闻摄影金镜头奖

中国新闻摄影"金镜头"奖，是由中国新闻摄影学会与人民摄影报社共同为摄影人量身打造的，旨在表彰在中国新闻摄影"金镜头"评选中获奖的摄影人的一个大型活动。该活动将颁奖、展览、交流、创作完美地融合为一体，是中国新闻摄影界的一项知名文化品牌，既促进了中国新闻摄影事业的发展，又借"金镜头"的影响扩大了承办地的知名度和影响力，被业界誉为中国新闻摄影界的"奥斯卡"。中国新闻摄影"金镜头"评选，是人民摄影报社的一项全国性年度新闻摄影品牌赛事。长期以来，该赛事秉承专业性、权威性、学术性，坚持公开、公平、公正，在国内新闻摄影界有着广泛的影响力，至今已成功举办了19届。每年都会吸引全国各大媒体的新闻摄影人参赛，每年也都会评选出大量优秀的新闻摄影作品，并推介出一大批年轻的摄影新秀，它为中国新闻摄影事业的发展起到了推波助澜的作用。

从2010年起，中国新闻摄影"金镜头"颁奖典礼将永久落户中国青岛。

六、中国新闻图片编辑"金烛奖"

（一）简　介

中国新闻图片编辑"金烛奖"，在2002年正式创办，每两年举办一次。主办单位是中国新闻摄影学会；由于图片编辑是新闻摄影工作中极为重要的一个环节，针对目前我国报界图片编辑工作相对落后的现实，特设立中国新闻图片编辑"金烛奖"。"金烛"，指那些在新闻工作岗位上默默地为他人作嫁衣裳的图片编辑；"金烛"，是对他们像蜡烛那样燃烧自己照亮别人的品格的褒扬。"中国新闻图片编辑金烛奖"是中国新闻摄影学会为全国新闻摄影从业人员所设的最高奖项。"金烛奖"的评选对促进我国新闻图片编辑队伍的形成和发展，促进图片编辑工作的规范和水平的提高，对繁荣我国新闻摄影事业，均有着十分重要的意义。

（二）由　来

　　由于图片编辑是新闻摄影工作中极为重要的一个环节，针对目前我国报界图片编辑工作相对落后的现实，特设立中国新闻图片编辑"金烛奖"。

（三）评选标准

　　采取由评委对参赛者提交的论文（30分）、小结（10分）、自选要闻版（20分）、自选摄影版（20分）和规定版面（20分）分别进行打分，再按积分高低进行排序，最后确定获奖名次。

第五章 版面组成元素

第五章　版面组成元素

报纸版面的编辑工作是报纸出版发行工作中最重要、专业性最强的工序之一。编辑通过对收到的各类稿件，进行筛选、修改、配置、整合以及标题设计，最终形成版面。一个版面的整体表现形式，也是读者第一接触的对象。

随着科技的不断发展，现代报纸的版面数量不断增多，且每个版面又各不相同。但在不同的版面中，我们可以找到一些共性的东西。这种规律性的结构规则，我们看做一种表现内容的特殊语言，即版面语言。

在正式进入版面编辑之前，必须先搞清楚与版面相关的一些基本概念。

第一节　版面的基本概念

一、版面的发展阶段

报纸版面通过对内容进行编排，形成读者所能看到的平面。随着社会的不断发展，对版面的认识也在不断地变化，大概经历了书籍阶段、表意阶段、美化阶段、营销阶段。中国古代的报纸受书籍影响很大，基本上模仿了当时书籍的样式，幅面很小，文字一通到底，没有分栏，没有独立的标题，也没有字体字号的变化。即使有标题，字体字号也和正文文字的大小差不多。（见图5-1）这个时期本书将其称之为"书籍阶段"，没有什么设计规则，不会追求设计的美感，设计意识相对淡薄，只是让读者看起来不费力而已。随着科学技术的发展，印刷手段不断进步，加之近代中国思想解放的潮流，人们对报纸的需求不断提高，报社之间的竞争也越来越激烈。原有的版面形式

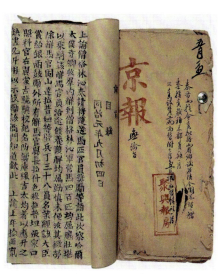

图5-1 《京报》① 版面

① 在中国古代民间经营的报纸中影响最大、发行时间最长的是明代的《京报》。《京报》先后发行四百多年，直至1911年辛亥革命之后才停办。当时经营《京报》的"报房"，即是近代报馆的前身。《京报》原是雕版印刷，至崇祯十一年（1638）改为活字印刷，此为我国最早的活字印刷报纸。明末，《京报》曾有"报房"自家采写的消息和少量社会新闻。《京报》到清朝末年已有相当发展规模，在北京一地有"报房"十二家，加上其他各地，全国"报房"至少有二十家以上。清代"报房"出版的《京报》通常为日刊，日总发行量已达万份以上。这些，便是中国古代报刊的简况。

已经无法满足读者的需求，版面尺寸开始不断增大，版面刊载的内容也变得越来越丰富。

在19世纪末至20世纪初期，版面编辑的设计意识逐渐形成，并试图通过对报纸版面的设计来体现编辑的意图和对新闻内容的倾向，引导读者阅读，这个阶段叫做"表意阶段"。1872年4月30日在上海创刊的《申报》是中国近代公认的第一大报。创刊时就明确提出"将天下可传之事，通播于天下"的主要目的，将内容做得更加显醒，不仅能为士大夫欣赏，即使工、农、商贾皆能通晓。（见图5-2）

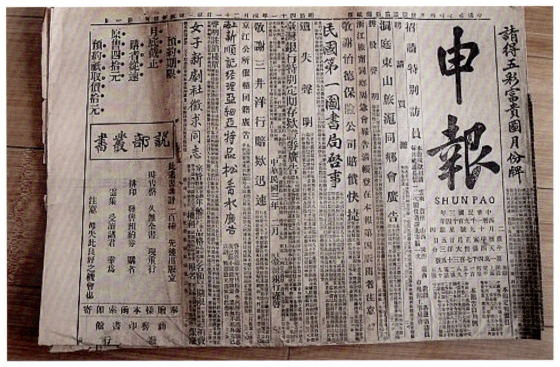

图5-2 《申报》①

从二十世纪五六十年代开始，版面设计开始强调美化功能，编排的手段更加灵活，题花、花线、照片等开始大量采用，报纸版面设计开始逐渐形成自己的规律，从满足实用提高到艺术的高度，报纸的版面进入"美化阶段"。

进入20世纪90年代中期，随着社会经济的发展与进步，社会大众文化消费水准的提高，我国报纸行业进入到了发展繁荣阶段，报业竞争也日趋激烈，报纸版面设计进入了新的发展时期；重视读者导向、重视市场导向、重视版面设计的变化，通过这些手段促进报纸的销售，我们把这个阶段称之为"营销阶段"。（见图5-3）

---

① 1872年英商美查创办，以赢利为主要目的的商业报纸。在外国人办的报刊中，由中国人主执笔政的，《申报》是第一家。《申报》对新闻业务进行的改革：一是发表政论文章。报纸的言论要"有系乎国计民生"，要"上关皇朝经济，下知小民稼穑之苦"。二是改革新闻报道。重视新闻的真实性，日本侵略台湾，美查为了了解事实真相，派人去台湾采访，这是上海中文报纸中军事通讯的开端，也是《申报》重视新闻真实性的反映。注重反映社会实际生活，连续三年报道"杨乃武冤案"，这是当时中文报刊中最早最长的连续报道，最后披露了冤案的真相。三是重视发表副刊性文字。

图5-3　《南方都市报》① 2013年2月24日头版

二、区　序

对于一个版面而言，每一个版面可以划分为若干个区，每个区在版面的位置叫做版位。将一个版面水平分为两等份，可分为上半区、下半区；垂直两等份，版面分为左半区和右半区。无论横排报纸还是竖排报纸，特别是横排报纸，从版面重心强势（吸引读者注意的能力）的角度来看，上半区比下半区更强势，左半区比右半区更强势，如果将以上两种划分重叠在一起，则一个版面可以分为上左、上右、下左、下右四个区域。（见图5-4）就横排报纸来说，上左区就是上半区和左半区合并的产物，最强势，其次是上右。下左和下右之间进行比较，哪一个更强势？多数人认为，读者的阅读

上左	上右
下左	下右

图5-4

---

① 《南方都市报》是南方报业传媒集团所属系列报之一，正式创刊于1997年，是面向全国公开发行，重点覆盖中国最富庶的大珠三角城市群（含港澳）、主流人群所创办的市场化运营程度最高的城市政经主流日报，四开，平均每天出报400版以上，日均发行量已达183多万份，是在广东省内发行量和零售量最大的综合类日报。2012年广告额突破35亿元，自2009年以来广告收入连续多年排名全国报纸杂志第1名。现有员工6 000多人。在国家新闻出版总署发布的全国晚报都市类报纸竞争力检测结果中，《南方都市报》自2006年以来连续多年名列综合竞争力第1名，并被世界品牌实验室评为"中国品牌500强"。

习惯都是从左至右，先看左上的内容，然后到下右。上左的位置正因为如此重要，所以在内容摆放时一般用来放头条，为了更好地突出上左，下左则不宜作突出编排，因此下右优于下左。

　　了解了区序，顺便介绍一下版序。版序指报纸各个版排列的先后次序。报纸有若干版，每个版面吸引读者注意力的程度各不相同，每个版面所表现出来的强势自然也不同。拿到一份报纸，读者首先看到的是第一版即头版，在一份报纸的所有版面中，头版最为强势，通常都作为要闻版。（见图5-5）有的报纸已经不再采用自然版序（按照顺序排列，第一版、第二版……以此类推），而是使用分若干版组的版序方式，打破了自然版序，出现多个头版（首页），有利于报纸在内容上做分割，方便读者选择阅读。（见图5-6）

图5-5 《华西都市报》① 2019年6月3日头版　　　　图5-6 《华西都市报》2014年8月4日版面

【分析】

　　图5-6是2014年8月4日出版的《华西都市报》在分版组后形成的报中报——《华西城市读本》。透过图片可以发现该部分同样具有与报纸头版相同的的首页，这样可以将不同版组区分开，方便读者阅读，实际上也增加了版面的数量和容量。

────────────

① 中国第一张都市报——《华西都市报》，由四川日报报业集团主管主办，是四川发行量最大、影响力最强、覆盖面最广的综合性日报，也是中国西部最大区域组合城市媒体。1995年1月1日创刊的《华西都市报》，全面系统地创立了市场化报纸理念，引领和促进了中国都市类报纸的壮大和发展，开创了中国报业的"都市报时代"。

三、栏和分栏

栏是报纸版面划分的基本单位。现代报纸幅面较大，为了方便读者阅读并使版面富有变化，都不采用通排的方式，而是分栏进行编排。横排报纸是垂直分栏，竖排报纸是水平分栏。每栏之间一般以空白作为间隔，也就是通常在版面创建时的栏间距设置。

一个版面分为几栏（如分为6栏、7栏、8栏）是相对固定的，每一栏的宽度都是相等的。相对固定的分栏所形成的每一栏，为基本栏。组版时，基本栏可以有适当的变化，称之为变栏或破栏。

古代的报纸排文字时不进行分栏，字行的长度与版心相等。近代报纸开始改变这种形式。分栏要考虑是否适合阅读，是否适合编排，要从整体着眼。分栏时应该掌握适度原则，分栏过多，每一行的文字就会出现过短的情况，读者阅读时视线移动太频繁，容易产生疲劳；分栏过少，每一行的文字过长，换行阅读时容易发生跳行的现象，版面编排的变化也较小。

横排报纸变栏的情况有两种，一是长栏，即宽度是整倍数于基本栏的栏，如2栏、3栏等；另一种是破栏，即宽度是非整倍数于基本栏的栏。破栏可以大于基本栏，如三栏破为两栏、五栏破为两栏等；也可以小于基本栏，如两栏破为三栏，现代报纸基本不使用破栏这种方式。

采用变栏的主要目的在于：一是使版面的这一局部在编排形式上不同于其他局部，从而使这一局部更加突出，更加强势。二是使栏目更适合于稿件的内容，从而有效地利用版面，增强版面的表现力，便于阅读。对于一些篇幅较长而内容又较严肃的文稿，排长栏，有助于表现内容，并使读者视线移动不过于频繁，阅读起来也较为省力。三是增加版面变化，使版面显得更为生动。

四、通　版

通版指打通报纸每相邻的两个版面（横跨中缝）而形成的版面。通版的面积包括这两个版和两版间的中缝，一般做专题版的使用，如重大新闻事件或新闻活动发生时的报道常常采用这样版面形式处理。通版的优势主要表现为：版面更有气势，更有视觉冲击力；版面空间大，可以集中、灵活地安排材料，方便采用较大的标题、图片和装饰，给读者带来新鲜的感觉。（见图5-7）

通版多见于四开报纸，对开大

图5-7 《东莞时报》2010年6月12日南非世界杯 通版

报使用通版的情况相对较少。因为对开报纸版面本身就很大，如果采用通版设计，读者展开阅读会很不方便。另外，通版设计并不属于常规版面设计，需要谨慎使用。遇到重大事件、重大专题偶尔采用通版的设计，可以给读者带来非凡的视觉体验，过于频繁使用通版，即便是四开报纸，也会让读者厌烦。

五、视觉冲击中心

视觉冲击中心（The Center of Visual Impact，简称CVI）是美国心理学家B.F.斯金纳提出的一个概念。他认为，一个有创造性的、和谐的版面设计，就是要在版面上安排一个强有力的CVI。CVI应该是有特色的、不同寻常的、能最有效地集中注意力的结构。视觉中心即具有突出特征，能够左右读者对报纸版面认识的核心元素。

作为报纸版面的视觉中心到底是什么？本书认为，构成纸媒版面的视觉中心或曰第一阅读要素，是图片与标题的有机组合体。也就是说，将图片与标题黏合在一起，则可以将两者的优势相加，形成比单一的图片或标题更为强大的视觉冲击力，从而构成一个版面清晰明确的视觉中心，在数秒钟内牢牢地将读者的注意力抓住。

对于报纸的版面编辑来说，不同的阅读对象会影响版面编辑对于视觉中心的营造，因此要学会根据不同的读者群，做好相应的版面策划。如果版面的主要受众是年轻的读者群体，那么就要考虑青年读者的阅读心理，将版面的视觉中心更多地通过图片来体现。如果版面的主要受众是中老年知识阶层群体，那么，版面的视觉中心恐怕还是要以文字标题为主，竭尽全力把标题做得精致、深刻、独到。

第二节　版面的功能

在信息传播高度发达的新时代，报纸由"传者本位"转变到"受者本位"，报纸版式不再是靠版式设计者自己的意念来设计，而主要是以读者为依据，读者被突出到一个至关重要的地位，成为版式变革的风向标。在这种变化下，现代报纸版式的功能彰显着新时代的不同特点：版面受稿件内容的制约，为反映内容服务，但版面反映稿件内容并不是消极被动的，而是给内容极大的反作用。它的功能表现为以下几个方面。

一、导读功能

导读功能是现代报纸版面最主要的功能之一。导读功能从广义来讲，就是合理安排版面结构，标题、文字、图片、色彩、线条等运用恰当，方便读者选择和阅读。美国报纸的导读设计理论认为，好的报纸就应该像一幅地图，读者可以轻松地找到他需要阅读的新闻在什么位置。随着报纸版面的不断增多，社会生活节奏越来越快，导读功能对读者的作用也显得越来越重要。导读还能增加版面的信息量，使新闻选择更加多元化，符合厚报纸时代的选择性阅读。

从狭义来讲，导读功能也可以看做报纸在第一版开辟的导读窗口，方便与引导读者阅读。头版的标题形式导读已经成为各家报纸使用的"常规武器"。《扬子晚报》等诸多报纸甚至使用了专门的导读版（见图5-8）。报纸版面导读功能的普遍使用，实际上已经到了许多非专业性读者难以察觉的地步。

图5-8　《扬子晚报》② 2020年5月26日头版

在专门的导读版中，标题处理的方式也需要考虑报纸的导读功能。传统报纸中主副齐全的标题在当下的版面上已经很少能看得到了，采用单行式横题的比例明显增多。链接式标题，比如"更多内容见某版"会经常出现，打破了以往单纯的"下转某版"的单一模式，这种改变适应了时代发展的需要，以读者为本，尊重读者选择的权利，同时方便了读者的阅读，也为读者节省了阅读的时间。

---

② 《扬子晚报》于1986年元旦在江苏南京创刊。由中共江苏省委机关报新华日报主办，隶属新华报业传媒集团。

《扬子晚报》系江苏报业日发行量排名第1，中国报业日发行量排名第4，世界报业日发行量排名第21。是江苏地区唯一入选中国500强价值品牌的平面媒体，排名第150。是江苏地区唯一入选亚洲500强价值品牌的平面媒体，排名第170。是江苏地区唯一入选中国报纸移动传播十强的平面媒体。是江苏地区位居江苏媒体微博影响力之首的平面媒体。

目前，《扬子晚报》已发行1万多期，日发行量约为200万～220万份，现拥有约1千万读者（江苏省常住人口约8千万左右）。200余万份发行量中，南京地区约75万～85万份，苏州地区约25万～32万份，无锡地区约24万～30万份，常州地区约23万～29万份。在江苏省13个地级市报纸发行量排名中均为第一。

二、导向功能

所谓导向功能，指版面通过各种方式组织与表现稿件，以此间接地向读者表示自己的立场与态度，从而形成某种特殊的"版面语言"，引导社会舆论。版面绝对不是稿件内容的随意组合，而是通过版面语言的运用，将客观的内容和主观的认识结合在一起，表现出报纸对客观内容的态度和情感。通过版面，读者可以感受到报纸对事件的态度和情感，这是对读者感知和理解内容的一种引导，是报纸发挥舆论引导作用的一个重要方面。（见图5-9）

图5-9《中国青年报》1999年5月9日头版

【分析】

1999年5月8日，一个惊人的消息传遍中国、传遍世界，以美国为首的北约悍然对中国驻南斯拉夫大使馆实施多枚导弹袭击，造成了严重的人员和财产损失。在沈阳、广州、上海、成都的美国领事馆门前，民众自发地组织了一系列游行抗议活动。

看到《北京青年报》当时的版面，不需要太多的表述，版面中震惊、愤怒、抗议这三个词，就是报纸主观想要表达的情感。版面采用黑底白字、图片来反映悲愤的感情。

报纸对读者的影响和舆论的引导是通过几种途径传达给读者的。第一，通过稿件（包括文稿与图片）的内容、标题把意思直接表达出来。这是表达意思的主要方法。第二，通过稿件在版面中的不同地位来表达稿件的不同意义。版面中的不同地位是由标题的大小、位置的主次、与其他稿件的不同组合等来显示的。同一篇稿件，由于版面中的地位不同，给人的印象就很不一样，甚至截然相反。第三，通过各种编排手段的运用，来强调某种特定的意义或表达特定的感情，以增强稿件内容的表现力和感染力。

这里第二、第三种途径，都属于版面。由此可见，版面对于刊载的内容绝对不是消极被动的。版面不只是向读者介绍内容，而是向读者评介内容。因此，版面也是一种传播语言（郑兴东、陈仁风、蔡雯，2001）。

【延伸阅读】

报纸的导向性与可读性关系初探[①]

报纸的导向性和可读性，是报纸的生命和活力，也有人认为导向性与可读性两者是一对矛盾，二者不可兼得。下面就此为题，做一些粗浅的论述。

导向性是报纸存在的基础和前提，可读性是报纸发展的条件和外部环境。"我们的社会主义新闻事业是中国共产党领导下的社会主义事业的重要组成部分。从根本上讲，它既要宣传党的路线、方针、政策，又要反映人民的意见、呼声和要求；既要传播舆论，又要影响舆论，引导舆论，从而在社会主义现代化建设中发挥作用"（《中宣部新闻研修班研讨纪要》）。社会主义制度下的报纸，必须坚持鲜明的党性原则，掌握正确的舆论导向。

我国有数千种报纸，可以划分为四大类，一是从中央到地方各级党委主办的机关报；二是党委部门管理、新闻出版部门审批的政府部门办的报纸；三是行业性、专业性报纸；四是社会性、生活消遣性报纸。报纸虽有不同性质、不同目的和要求，不同内容和形式，但可读性总是在所有报纸中起作用。

导向性是纲，可读性是网。中央、省、市机关报，尽管不一定全部代表各级党委发布新闻，但大都是按党委意图和中心工作所需要做文章，其权威性、影响力是其他任何层次的报纸不可比拟和替代的。

导向性如果不把握住，就会失去应有的地位和权威性；可读性如果不增强，就会失去读者，可读性必须围绕导向性这个纲来发挥。

在同一张报纸上，不同的新闻，不同的报道形式，不同的表现手法，达到的目的和收到的社会效果不同。新闻的内容是客观的，可读性是主观掌握的。所谓可读性，是指新闻发布后，让人可亲，使人有感召力，读后有受益，能激发和调动读者兴趣，是一种报纸艺术的体现。如果拿到报纸从一版到末尾一晃而过，找不到一个读者的共鸣点，标题抓不住人，没有兴趣把报上的新闻内容看下去，那就谈不上什么可读性了。辛辛苦苦办一张报纸，不要求每条新闻都有很强的吸引力，但总有几个栏目、几条新闻留住读者，激发阅读兴趣。

客观地讲，可读性带有主观性因素。报纸上不可能每一条新闻所有的读者都感兴趣，因为读者对摄取新闻具有极大的选择性。一是层次性强，不同阶层、不同民族、不同职业、不同地位的人对新闻有不同的眼光；二是可指导性强，不同的世界观、人生观以及理想、追求、目的等差别对新闻的要求各异；三是可仿拟性强，年龄、文化素养及性别爱好和意识能力上的复杂结构，对新闻的感受力存在主观性和不稳定性，形成主动

[①] 文振效：《报纸的导向性与可读性关系初探》，载于《新闻前哨》1996年2期。

与被动的关系。读者是主动的，办报是被动的。怎样达到它们之间的统一，首先是在方法上联系实际，稿子写生动；其次是内容上要有针对性，抓群众最关心的难点热点；再次是注意接近性，多反映读者身边的事；最后要活泼有趣，照顾大多数读者的兴趣。

报纸的可读性有主观性特点，但又不是一概而论。读者有选择性就存在机遇性，关键问题又取决于办报人判断力和新闻价值观念强不强，还取决新闻内容和表现形式。如果同一件客观存在的新闻事实内容，由几个不同记者、编辑采编，或用几种不同的文体形式来处理，读者的取舍和感受将大不一样。

报纸的可读性不在趣味性，只是调整读者的气氛，趣味又不在猎奇，应该严格尊重新闻事实，而且要趣味性适度。机关报和其他报纸应在趣味的程度上有所区别。过分的趣味性，毕竟影响严肃性，不注意严肃性就会影响到权威性，趣味性又必须在把握思想性的前提下去讲求。在报道重大题材中，同样可找到有趣味的新闻事实，既保证了导向性又使人感到喻意深长。

报纸的可读性和导向性完全可以统一起来，而且它们之间会起到相互促进作用。导向是目的，可读是手段和策略。

（1）正确的导向性，需要可读性做保证。导向性不具有强制性，更不具有法律效力，仅仅是引诱导、感染作用，制造精神氛围，使人容易接受，增强社会影响力。它是一种精神催化剂，通过倾向性达到观念的改变和转化。报纸上讲大道理多，命令式口气，说教式自然可读性差。

（2）研究问题抓热点、难点、共同点。抓问题的稿子总是逗人看，尽管是只有几十字的来信，人们都很感兴趣。有的记者完成采访任务后稿子一交完事，而且听到什么写什么，缺乏一种研究、分析问题的作风，或者身入而心不入，值得研究的问题没有深究，值得写成有深度有厚度的新闻没有去研究、下功夫，跟葫芦一样只在水上漂。

（3）合理设置栏目，提高读者兴趣。报纸上各种栏目，是新闻主题的分类，也是一种潜心办报的艺术表现，是对读者的视角和兴趣的引导。《宜昌日报》三版上的"天天文摘"，新闻来源广阔，以社会新闻为主，有时一天不见面，读者纷纷打电话询问，成了相当多的读者必读栏目。经济日报开辟的"今日话题""我们身边的变化"等专栏。这些栏目离群众近，文字上活泼精悍，读者最有感情。

（4）发挥优势，抓拳头产品。任何一家报纸在新闻来源上都有独特优势。地市级报纸的读者群集中所辖区域内，舍近求远的新闻不会一下激发每个读者。三峡工程虽然举世瞩目，一般距离很远的读者也只是了解大致动态，与切身利益联系紧密的人却格外关心。对于可望不可及的新闻并不是所有人都在研究，处在坝区的宜昌、库区的四川那可就是热点的中心，应成为拳头产品，见报的频率高于其他地方报纸的好多倍。有地方特色又有拳头产品，可读性自然增强起来。

（5）讲求采编艺术，提高宣传效果。一张报纸的出版，凝聚的是报人群体的智慧和心血。在采访写作上要注重艺术和技巧，在编排上要讲求艺术效果。实际操作上，连字号、标题、插图等都不能马虎。技巧和方法与报纸的可读性是互相依赖、相互促进的关系。

总之，报纸的导向性和可读性，在报纸竞争中要靠这"两性"来占领阵地。让我们在实践中探索，使我们的报纸真正活起来。

三、标志功能

标志功能即通过某些独具特色的编排形式，使报纸形成自己的风格与特点。版面是报纸特点最直观、最迅速、最明确的显示，读者在阅读报纸的时，版面是留给读者的第一印象，这种印象可以让读者不看报名就能知道是哪家报纸，甚至知道出自于哪位版面编辑之手。从某种意义上说，版面的特色就是报纸的标志。由于报纸不同的风格，我国报纸的版面被分为"京派""海派""粤派"等流派。京派，以《人民日报》《光明日报》为代表，特点是庄重大气，严谨沉着（见图5-10）；海派，以《文汇报》《新民晚报》为代表，特点是精巧细致，雍容大度（见图5-11）；粤派，以《广州日报》《羊城晚报》为代表，特点是求新务实，活泼跳跃（见图5-12）。这是成熟报纸的标志，也是版面标志功能的凸显。

图5-10《光明日报》2020年4月19日头版

图5-11《新民晚报》③ 2019年7月9日头版

---

③　《新民晚报》是中共上海市委直接领导的面向广大市民的综合性报纸，以"宣传政策，传播知识，移风易俗，丰富生活"为编辑方针，着眼于"飞入寻常百姓家"。在内容上，力求可亲性、可近性、可信性、可读性。

《新民晚报》是中国出版时间最长的晚报，前身为上海《新民报·晚刊》，是创办于1929年的新民报五个分社、八个地方版中的一个，具有七十多年的办报历史。长期以来，《新民晚报》一以贯之地传承著名报人赵超构老社长提出的"短些、短些、再短些""广些、广些、再广些""软些、软些、再软些"等办报风格，为广大读者所喜闻乐见。

改革开放特别是20世纪90年代以来，《新民晚报》获得了长足发展，报纸发行量和报业经济效益连续多年位居全国晚报之首。1996年，在美国设立记者站、创办美国版，成为中国大陆第一张跨出国门的晚报；以后又扩大了在北美地区、港澳地区的发行。2002年，又与星岛报业集团合作，推出《新民晚报·澳洲专版》，扩大了《新民晚报》在大洋洲地区的影响。

图5-12 《羊城晚报》2020年4月14日头版

【延伸阅读】

京派、海派、粤派谁领风骚？——京、沪、穗三地报纸澳门回归报道之比较①

澳门回归，可谓20世纪末最重要和最具想象空间的新闻事件。12月20日（凌晨刚过，全国各大报纸无一例外地将这一历史瞬间定格在各自的版面上。

重大新闻事件历来是传媒聚焦的对象，尤其像香港回归、澳门回归这样重大的历史事件，对传媒而言，更是极其敏感而又极具吸引力，可谓测试媒体"体能"和"创造力"的"测试剂"。北京、上海、广州三地的报纸风格迥异，历来有京派、海派、粤派之分，对"澳门回归" 这样重大的新闻事件，其报道风格必然会呈现出各自鲜明的特征，从而为新闻学研究提供了绝佳的分析样本。故而本文选择北京，上海、广州三地（以下简称"三地"）12月20日的部分报纸作一番扫描，分析各地报纸有关"澳门回归"报道的特点，从而评价我国报纸对重大新闻事件报道的优劣长短。

一、三地报纸总体报道风格的比较

总而言之，北京报纸以选择硬新闻为主，注重权威性、思想性，更多地关注舆论导向；上海报纸则表现了多信息的特点，除了报道相关的硬新闻外，还注意选择回归仪式上的花絮新闻，以增强信息传递的趣味性；而广州的报纸，由于新闻竞争使然，尽量把

① 李晓林：《京派、海派、粤派谁领风骚？——京、沪、穗三地报纸澳门回归报道之比较》，载于《新闻记者》，2000年第1期。

报道做足、做大，硬新闻、软新闻、前景新闻、背景新闻搭配得当，体现出张烈的思想性、信息性、趣味性，显示出报道方式的多样化。

具体分析如下：

北京报纸：北京是我国首都，其媒介以稳重、大气著称，由于传统文化的积淀和新闻宣传的需要，北京报纸对澳门回归的报道，以硬新闻为主，注重思想性和舆论宣传。我们试以传统大报：《人民日报》《光明日报》《中国青年报》为例，具体加以说明。

12月20日的《人民日报》一版刊发了4条稿件、3幅图片。其中头条选择报道了中葡两国政府的澳门政权交接仪式；二条报道了"国务院发布第275号令，公布澳门特别行政区区域图"；三条报道了"江泽民率中国政府代表团抵达澳门"；四条是"澳门特别行政区政府成立"的消息。二版主要报道了中华人民共和国主席江泽民、国务院总理朱镕基、澳门特区行政长官何厚铧在宣誓就职仪式上的致辞。三版虽然为饱蘸激情的"狂欢夜报道"，但都以各地欢庆回归为背景，在信息空间上没有太多地延伸，所以仍然不失为硬新闻。

再看《光明日报》的相关报道。一版与《人民日报》大同小异，除了标题、照片和版式略有不同外，其他部分尤其包括新闻选择、头条、二条甚至三四条位置部分分毫不爽。其在八版有一篇略显独特的报道——《四位澳督回归之际忆往事》，是该报记者从里斯本发回的报道，以独特的视角介绍了自1979年中葡两国建交以来的20多年间澳门历任的5位总督，以及他们对在任时期澳门情况的叙述。虽然报道较有特点，但仍然属于硬新闻。

《中国青年报》的相关报道，也反映了以上特点。比如，一版除了一幅照片较为生动有趣外，其他的报道都是以报道回归仪式等相关事宜为主。这三家报纸基本上代表了京派报纸对澳门回归报道的方式，具有传统大报的特点。

上海报纸：上海是我国最大的工业城市、经济中心，其信息资源丰富，信息传递方式灵活。上海报纸注重把重大事件化整为零，分散报道，强调信息传递。

最为典型的是《新民晚报》。该报在两个通版的版面空间里传递了非常多的信息，共计7幅图片，11条文字消息。而且该报发挥传统晚报的优势，文章以短小精悍见长，有别于北京传统大报洋洋洒洒的报道手法。比如，有关澳门特区的《回归法》，该报就采用了标题新闻"保证特区成立之日起顺利运作，澳门特区立法会通过《回归法》"，言简意赅。再如，九版的"欢庆澳门 回归专版"，刊登了11条相关的新闻稿件，对澳门赌场照常营业、澳门警察换警徽等社会新闻进行综合编排，相对于一、二版的硬新闻更显有趣。《文汇报》则注重在报道中提取信息含量，以警世人。如第九版《江泽民在中葡两国政府澳门政权交接仪式上讲话时指出中国政府和人民有信心和能力早日解决台湾问题》的报道，就在澳门回归的喜庆气氛中提出了又一个重大问题，传递了极为重要的信息。

《解放日报》在澳门回归报道中，也十分注重这种信息的积累、分析和传递。比如，该报尽管在一版以报道硬新闻为主，但却注重在其他版面上以背景材料、软新闻与之搭配。比如，在九版的《喜迎澳门回归专页》中选择报道了"何厚铧与他的同事"，对澳门首任行政长官何厚铧及其下属的行政政要作了简介，以增强信息传递的空间。

广州报纸：广州由于毗邻香港、澳门的特殊地理位置和处于改革开放的前沿，因此有关澳门回归报道，广州的报纸更加激情亢奋，透明度、开放度较之其他地区的报纸更高。

先看《羊城晚报》。尽管该报的一版仍然以硬新闻为主，二版也没有什么特别之处，但传递的信息仍然是很多的：在12月20日的澳门回归报道中，该报的标题首先就透露了许多信息，如《江泽民重申回归后澳门"三不变"》《葡国国旗降在澳督胸口》等；从新闻的选择来说，广州报纸相对来说更注重趣味性。如报道了《卓琳入座掌声雷动，击节相和歌唱祖国》《特区的第一个早晨》《"回家路走了四百年"》等，无论从新闻的选择，还是标题的制作，都颇具特色。

再看《广州日报》，12月20日整整出了60个版。其报道除了交接仪式等硬新闻外，还穿插整合了大量的背景新闻，有关澳门的政治、经济、文化、历史等方方面面都豁然亮相于版面，让人目不暇接，真正做到把大事报道得既了然于胸，又令人玩味不止。

二、三地报纸创新报道的比较

面对重大题材的报道，由于诸多方面的限制，要在报道上进行创意翻新，实属不易。因此鼓励报纸进行创意，既是读者所需，也是报纸发展的必然。

三地报纸在有关澳门回归报道的创新方面，各有所获。试从以下几个方面进行分析：

第一，独家新闻。各地报纸在报道澳门回归上主要采用新华社的统发稿，所以此时独家新闻弥足珍贵。综而观之，由于北京地区报纸的新闻来源主要为新华社，所以其独特的报道并不多见。《中国青年报》在八版刊登了一篇题为《澳门学生北京求学》的新闻，以较独特的视角报道了在北京高校求学的一些澳门学生，以及他们在北京与澳门截然不同的学习生活，读来别有意趣，应该算作一篇独家新闻。上海的报纸相对来说，视角要开阔一些。比如，《新民晚报》20日的一版的一篇题为《今朝家祭告吾翁——记闻一多后人一次特殊的聚会》的新闻报道，以响彻澳门回归夜的"七子之歌"为线索，报道了这首歌的词作者、著名诗人闻一多的后人在闻一多百年诞辰之际，举行家祭，告慰先烈英灵。再如，《解放日报》刊登的《第一位在澳门升国旗的人》，介绍了85岁高龄的澳门濠江中学女校长杜岚。尽管杜岚的事迹曾被广泛报道，但在澳门回归之日旧事重提，别有一番新意。《文汇报》则把中国传统文化中的"土壤"情结表达得淋漓尽致。该报第九版推出采自西安的报道《黄帝陵前迎宝土 炎帝祠旁盼统一——炎黄故里人民喜庆澳门回归祖国怀抱》，报道了"单车骑士"徐志强在20日中午把一罐澳门土带回黄帝陵的故事。

第二，版面策划。澳门回归报道，就版面策划独具匠心而言，首推广州报纸。其新闻版面和其他地方的报纸不同，不是以新华社有关澳门回归政权交接仪式、各地庆回归报道的顺序为报道轴心，而是注重形成新闻"板块"，以不同的专题细化报道内容，并且力求报道新闻事实与抒发情感相融合。比如，《羊城晚报》就以A版、B版的不同"板块"强化了不同类型的新闻：A版以新闻性、趣味性较强的相关报道组成，如《澳门特区首名婴儿出世》《驻澳部队第一哨兵》《回归后过关第一人》《特区的第一个早晨》等，以澳门回归为背景抓住了一组"第一"，别有生趣；B版则以驻澳部队为主题，报道了这支威武之师的驻澳生活，刊登了《一对"姊妹花"开在军营里》《硕士"三剑客"仗剑卫澳门》等报道。版面最有创意的当数《广州日报》，60个版分为5个大专题：一到十二版为"回归篇"，主要报道澳门回归的硬新闻；十三到二十四版为"血缘篇"，对澳门血浓于水的历史作了精心的采撷编辑；二十五到三十六版为"风物篇"，写尽了澳门的风土人情；三十七到四十八版为"人物篇"，从首任行政长官何厚铧到赌王、历届澳督——道来，如数家珍；四十到六十版为"旅游篇"，介绍澳门的名胜古迹。该报版面的另一特色，是穿插了大量表格，借此把某些繁杂的事物表述得清清楚楚、明明白白。比如，"政权移交仪式分秒数"图表、"回归里程大事记"图表、"澳门特别行政区政治机构功能及产生办法图示"等。

第三，版式安排。三地报纸在版式安排上也颇下功夫，既烘托了节日气氛、吸引读者阅读，又突出新闻主题，表达了独特的新闻语言。最为突出的是上海的《新民晚报》和《新闻报·晨刊》，打通两个版，气势恢宏，却又不破坏文章纤巧精致的格调，可谓一举两得。再有，上海和广州的主要报纸纷纷推出彩版，充溢着喜庆色彩。

三、三地报纸存在的不足

总的说来，三地报纸有关澳门回归的报道是成功的，但同时也应看到不足之处。主要表现在如下方面：

第一，标题雷同化。特别是三地报纸头版头条的标题，满眼似曾相识。

《人民日报》：《中华民族永载史册的又一盛事，完成祖国统一大业的重要一步，中葡两国政府澳门政权交接仪式隆重举行》；《光明日报》：《中国人民在完成祖国统一大业中又迈出重要一步，中葡澳门政权交接仪式在澳隆重举行，江泽民主席宣告中国政府对澳门恢复行使主权，朱镕基总理等中国政府代表团成员与葡萄牙总统桑帕约总理古特雷斯等出席交接仪式》；《中国青年报》：《中国人民在完成祖国统一大业中又迈出重要一步，中葡交接澳门政权，江泽民宣告中国政府对澳门恢复行使主权》。

《解放日报》：《澳门今回到祖国怀抱》；《文汇报》：《澳门回到祖国怀抱》；《新民晚报》：《澳门，今天回家！》。

《羊城晚报》：《今天凌晨，澳门回家》；《广州日报》：《今日零时澳门回归祖国，中葡两国政府隆重举行澳门政权交接仪式》。

第二，新闻图片程式化。新闻图片的程式化影响到新闻报道的社会效果。只要和两年前香港回归的新闻图片加以比较，就不难发现，这次澳门回归的新闻图片无论在内容、立意、构图还是在表现形式上，二者都有相似之处。即使有些新闻图片较有特点，但由于各地报纸的编辑"英雄所见略同"，便使得同一幅照片不约而同地出现在三地的报纸上。比如，一幅有关埃及华人、华侨、中资机构代表和留学生欢聚在尼罗河畔游船上庆祝澳门回归的图片，很能传情达意，在12月20日这天便被多家报纸刊用。但这对读者而言，就缺少了新鲜感。

第三，过于注重营造气氛，忽略对实质性问题的报道。12月20日，三地的各家报纸都对本地的欢庆活动给予充分的报道，但大部分报道仅限于一种高亢情绪的渲染，而缺少对事物本身的理解和分析，显得苍白。换句话说，我们的新闻记者对澳门回归对我国的经济、文化、社会等诸多方面可能带来的实际影响，缺少冷静的理性分析，对前进道路上将会遇到的问题也考虑得不多，对澳门发展更深层的思考也没有见诸报端。就报纸而言，仅仅进行气氛上的"烘托"，却不注意挖掘重大新闻背后的新闻，阐述新闻事件的内在意义，显然不足以向读者传递真正有用的信息。

第四，缺少真正的独家新闻。在重大新闻事件报道中，作为传媒，当然首先要做好"规定动作"，但是，却又不能让"规定动作"束缚我们的手脚，限制我们的创新能力。值得注意的是，在这次澳门回归的报道中，三地报纸都缺少有份量的独家新闻。这再次向我们的传媒提出了一个老生常谈的问题：在重大新闻事件的报道中，如何在做好"规定动作"的同时，又不失时机和分寸地做好"自选动作"，向读者提供更多的独家新闻？尽管重大新闻事件的报道有政策和宣传上的要求，但如何把新闻做得更有个性，更丰富多采，以此获得更好的宣传效果，确实是一门高超的艺术，也是我们的报纸应当孜孜以求的。

第三节　版面的类型

报纸首先是新闻纸。新闻是报纸的主干、灵魂，是报纸的生命线。在中国新闻史上，曾经出现过过分强调"喉舌论"导致的报纸宣传功能夸大而新闻功能弱化的现象，实际上偏离了报纸的题中应有之意。改革开放以来尤其是进入21世纪以来，报道新闻、提供信息作为报纸的首要功能被业界重拾，不仅新兴都市报发起了一连串的"新闻冲击波"，老牌党报也将"新闻强报"、增强新闻性纳入议程，党报不仅仅只关心党，而且开始关心其他类型的新闻。这种新闻本位的回归，是一种尊重新闻传播规律的应时顺势之举。

报纸的新闻版是新闻的主要展示平台，也是报纸编辑的重要内容。广义上说，新闻版是新闻除了专刊、副刊和广告版以外所有刊登新闻的版面。以一份综合性报纸为例，新闻版又可以有很多种的划分：从报道的地域上看，可分为国际新闻版、国内新闻版、本地新闻版等，如《齐鲁晚报》设有山东新闻、今日济南、中国新闻、世界新闻等版块；从报道的题材上来看，有政治新闻版、财经新闻版、科技新闻版、体育新闻版、文化新闻版、娱乐新闻版等。除了以上几种，还有要闻版、热线新闻版、民生新闻版、专题新闻版、评论版、深度报道版等。

不仅性质不同的报纸新闻版的构成不同，如周报和日报的新闻版不同、综合性报纸和专业性报纸的新闻版不同，即使是性质相同的报纸，如同是都市类日报或财经类周报，它们的新闻版构成也不会相同。版面编辑有一些共同的原则，如必须与报纸的整体风格一致、一定要图文并茂等，但是涉及具体某一类新闻版面那就不相同了。

一、头 版

现代社会是一个信息爆炸的时代，信息量的瞬间骤变和社会生活节奏不断加快，受众读报时间缩短，对某些信息的接收措手不及。所以，人们只能选择性地接收有代表性的、让人一目了然的信息。厚报时代一份报纸涵盖着大量的新闻信息，而头版又是一份报纸吸引读者眼球的第一站，许多人往往会通过对某份报纸头版的第一感觉来决定是否购买它，因而头版上新闻信息的安排和版面的设计直接关系着读者是否购买。头版在报纸各版面组成中具有"首位效应"的作用，其版面设计在一定程度上决定着报纸的销售量和知名度的推广。

而且，办报人总是把自身所属的利益集团的主要价值倾向强化在头版上，头版是报纸的旗帜，是含金量最高的版面，它通过对新闻的取舍、编排及风格的确立等方式来统率整份报纸，发挥舆论导向、体现本报特色，同时让受众了解本报的办报风格和宗旨。所以我们说头版的编辑是整个报纸编辑的重中之重。

每天世界上要发生无数的新闻，但新闻价值并不相同，也就是说不是所有的新闻都是重要新闻，更不是所有新闻都要放在头版上，头版刊登什么内容，不同的报纸选择的内容是不同的，但无论什么样的报纸，头版新闻的选择都坚持以下几点标准。

（一）最重要的新闻

最重要的新闻是具有为最广泛的受众所关心的最大社会意义的新闻，其新闻价值、社会宣传价值、文化传播价值明显。从影响范围上讲，它所涉及的是该国、该省、该市或者该领域最大多数的人；从影响力上来讲，最重要的新闻所涵盖的信息与受众利害已经或将要产生某种能量巨大的结果。比如，2013年11月10日，广州的三家主要报纸：《广州日报》《羊城晚报》《新快报》无一例外地将中超联赛广州恒大足球队战胜对手获得亚冠联赛冠军的新闻作为头版头条、并且配以巨幅的照片，就是因为广州恒大足球队不仅是代表中超联赛，代表中国，同样也是代表广州这座城市，获得亚洲俱乐部足球最高等级赛事的冠军，无疑是广州的一件大事（见图5-13、图5-14、图5-15）。

图5-13 《广州日报》2013年
11月10日头版

图5-14 《新快报》2013年
11月10日头版

图5-15 《羊城晚报》2013年
11月10日头版

（二）最显著的新闻

美国新闻学界流传这样一句话：姓名能产生新闻，显赫的姓名能产生重大的新闻。其实际就是一个显著性的问题。新闻事件所涉及的人物、地点等越显著，其吸引受众眼球的能量也越大。2013年12月6日，南非首位黑人总统、被誉为"南非之父"的前总统曼德拉病逝，享年95岁，中国国内多家报纸都进行了重点处理，在头版以大幅照片和醒目的标题予以报道（见图5-16、图5-17）。

图5-16 《北京青年报》2013年12月7日头版　　　图5-17 《扬子晚报》2013年12月7日头版

（三）最鲜活的新闻

如果我们把新闻看作艺术作品，那么毫无疑问，它是所有艺术作品中寿命极短、最易朽的一种。正如沃尔特•李普曼对新闻所作的形象的描述："它像一道躁动不安的探照灯光束，把一个事件从暗处摆到了明处再去照另一个。"但也正因其易朽，使得新鲜性成为其最基本、最可珍视的生命线之一。头版新闻无疑应当是所有新闻中最新鲜的，"如果一起造成当地高峰期交通瘫痪两小时的车祸是今天发生的，它就比24小时以前发生的具有更强的时效性"，因此，它也就更有资格登上报纸的头版。2020年6月9日的《羊城晚报》，头版用大幅照片报道《西江北江"1号洪水"来袭》（见图5-18），第二天，洪水造成了损失，新闻也变成洪水所造成的2万人转移。

图5-18 《羊城晚报》2020年6月9日头版

（四）最贴近的新闻

无论是实际距离还是心理距离，与读者距离近的新闻，更易激发读者的选择性接触。对2007年12月21日的《济南时报》来说，本市出现大雾要比白宫发生大火更能引起市民的注意；同样，《南方日报》2007年12月21日的头版头条《"南海Ⅰ号"将出水 省长专程探新家》在同日的《齐鲁晚报》上，只能在"中国新闻"版占据一个小小的"豆腐块"。

只要具备上述"最"的新闻价值，不管是政治的、经济的、社会的，还是国内的、国际的、本地的，甚至是文娱的、体育的，都可以出现在头版，一些言论专栏也是构成报纸（尤其是党报）头版的重要组成部分（见图5-19）。头版新闻往往并非只有一种新闻价值，而是多种新闻价值集于一身。有的时候出于政治或者商业利益的考虑，头版也不是全部都安排有价值的新闻。

图5-19 《人民日报》2019年9月23日头版

二、本地新闻版

本地新闻是目前国内综合新闻报纸都设有的版面，一般以本省新闻、本市新闻、社区新闻、民生新闻、热线新闻等题材为主。与其他的版块相比，本地新闻最大的特色就是贴近老百姓的生活，有的是本地政治经济大事，有的是与老百姓的衣食住行生计相关，有的是家长里短，这些新闻都是和老百姓利益息息相关的新闻。

对于本地新闻的编辑，在内容和形式上，都和其他版面有很大的不同。

（一）贴近生活

本地新闻应该多刊登适合本地人爱看的新闻，要有本地特色。首先说身边的事，其次新闻报道要家常话、口语化，使读者觉得报纸在和他拉家常，再次多使用平民化、生活化、有人情味的照片，并配以亲切的新闻标题，拉近与本地读者之间的距离（见图5-20）。

图5—20 《华商报》2020年4月17日A4民生新闻

【分析】

《华商报》作为古城西安的本地报纸，在2020年4月17日 A4版刊登老旧小区改造的民生新闻，关注的就是老百姓想知道的，如老旧小区居民反映：难以接受拆防护网、拆楼顶太阳能热水器等改造方式，部分小区改造工作因此出现延缓，居民、社区、施工等多方颇有茫然、委屈。这类新闻现在也是一些本地报纸重点关注的内容。在设计中，版面最中间的示意图，形象地标示出各类相关的内容，比起只用文字来讲述新闻，这样的民生新闻版面，更清楚、更受老百姓的欢迎。

（二）实 用

现代的报纸一定要具有服务意识，在考虑自身经济利益的同时，也要知道自身是在为谁服务。本地新闻不仅要值得看，还要用得着。政策变了、物价涨了、天气凉了，这些都是老百姓想知道的话题，也是本地新闻应该有的话题。本地新闻应该成为老百姓的"管家婆"。

三、国内新闻版

国内新闻是任何一份综合性报纸都必不可少的版面，内容涉及时政、经济、民生等各个方面，但是没有明显的本地化特色。从重要性来看，国内新闻版比头版的国内新闻重要程度要低一些。

对于地方报纸来说，国内新闻不同于本地新闻的重要之处在于没有本报记者的采写，大多数新闻都是引用其他媒体的报道线索或原文转载，是明显的"二次加工"。也正因为如此编辑的重要性就更加明显且突出。

国内新闻版的编辑应该具备下列视角：

1. 选择过程中的广角镜视角

世界之大，无奇不有。新闻无处不在，无时不有，每天发生在国内的大大小小新闻没有一万也有一千，这就要求国内新闻版的编辑要以广角镜的视角在当日的稿件库和网络里，善于寻找到有用的新闻素材。

2. 提炼过程中的显微镜视角

一个编辑要在每天千千万万的国内新闻中找有用的新闻，难免会出现纰漏，这就要求我们的编辑要有一双"火眼金睛"，要能在信息的海洋中提取有价值的新闻。对于任何一篇新闻稿件，版面编辑必须持有既像对待"天上来客"，又像对待"出土文物"一样的态度。

3. 编辑过程中的哈哈镜视角

国内新闻编辑要做到，呆板的政策可以解读，多方的信息可以整合，不好的标题要换掉，太长的新闻要删短。

此外，国内新闻版还要注意和其他版面的联动，尤其是当一些重大新闻事件发生时。要着力挖掘其异地监督的功能（见图5-21）。

图5-21 《北京晚报》2010年8月15日国内新闻版

【分析】

2010年8月15日，《北京晚报》拿专版报道了甘肃舟曲的泥石流灾害，新闻事件发生在甘肃，作为北京的平面媒体，《北京晚报》的这一版主要是和其他几个版进行联动，形成一种报道合力，产生强势效应。版面并没有太多的文字，但几张有代表性的描述不同灾难情形的灾区图片，更能说明问题，编辑没有亲自到灾区，这就需要国内新闻版面的编辑，在大量的图片中去寻找有代表性、有说服力的报道内容，拿出自己的"火眼金睛"。

四、国际新闻版

加拿大传播学者麦克卢汉在20世纪60年代说，世界将成为一个"地球村"；《纽约时报》专栏作家托马斯·弗里德曼说，在当前经济全球化的趋势下世界越来越小，也使得世界各地的人彼此了解的愿望越来越强烈，了解彼此的一个重要途径就是国际新闻。

与国内新闻相比，国际新闻无论是在量上还是在质上都体现出更强的丰富性，因而，国际新闻版的编辑要比国内新闻版的编辑更加强调"广角镜""显微镜"与"哈哈镜"视角意识。国际新闻关注的焦点无非是国际时事热点和与中国相关的世界眼光，正如《参考消息》所倡导的那样："用中国的眼光看世界，用世界的眼光看中国。"国人对国际新闻的偏爱也是基于以上心理需求。（见图5-22）

图5-22 《新快报》2009年6月10日国际新闻版

【分析】

《新快报》2009年6月10日的国际新闻针对法航失事客机进行了相关报道，从内容上看，是典型的用中国人的视角看国际新闻事实。在这样的国际新闻中，国人最关注的内容除了事件本身以外，再就是客机上是否有我们的同胞。该版面用围框的方式，把相关的内容放在一起，体现内容的相关性，也在一个侧面证明了这是中国人看的国际新闻。报纸如果在美国，那关注的可能就会是美国同胞了。所以版面的类型区别决定了所刊载内容的差异。

五、娱乐新闻版

国内都市报都有娱乐版组，如《羊城晚报》设有娱乐新闻版组，《新快报》2014年5月14日B叠为娱乐新闻，并且细分为"娱乐新闻·八卦阵""娱乐新闻·亚热带""娱乐新闻·特稿""娱乐新闻·水煮鱼"等版。

读者阅读娱乐新闻的目的就是娱乐，而娱乐又是自由无限制的，因而娱乐新闻的编辑也没有一定的规矩。也就是说，娱乐新闻的编辑也是自由的。娱乐新闻版传达给读者的是美、快乐和放松。只要能达到这个目的，编辑可以尽情地施展自己的创意，因而，文娱新闻版更容易让现在的年轻人接受（见图5-23）。

虽然"快乐就好"，但并不是百无禁忌。作为一名好的娱乐版编辑，应该在内容上多点文化，扮演文化的传播者，在版面编排上多点创意，提升版面的整体的文化品位，从而笼络一批好的读者。这才是未来娱乐新闻版良性的发展趋势。

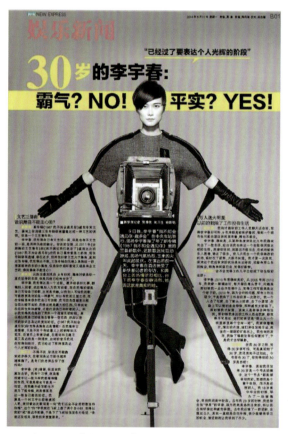

图5-23 《新快报》2014年8月10日B01版

【分析】

图5-23的版面设计独具匠心。本版作为一个娱乐专版，形式上设计独特。具有个性的人物图片占据版面大部分篇幅，文字块紧密围绕图片形成不规则文字块，形式新颖，且与内容所传递的意蕴保持一致，彰显出一种平实、霸气。能够很好地吸引读者的眼球，符合娱乐新闻版传递美感、快乐与放松的基本要求。

第六章 版面的编排手段

第六章 版面的编排手段

编排手段指报纸在组版时采用不同的材料体现编排思想,包括字符、图像、线条、色彩等。采用不同的编排手段会有不同的效果。即使采用同一种编排手段,由于大小,外形的不同,也会让读者产生不同的阅读感受,因此,排版手段不仅是印刷材料,而且也是一种传播符号。报纸经常会借助不同特点的编排手段,形成版面不同的强势,从而突出稿件不同的意义。编排手段还常用来表现稿件的相关性和稿件的感情色彩。

第一节 字符的凸显

字符是报纸传递信息的主要符号。在版面编排中,字符的变化主要体现为字体与字号。

字号指印刷用活字的大小,是从活字的字背到字腹的距离(即字面的高度和宽度)。这个名词在中国古代就有了,《水浒传》第四六回:"石秀道:'与你些银两,回与我一把朴刀用如何?'小二哥道:'这个却使不得,器械上都编著字号。我小人吃不得主人家的棍棒,我这主人法度不轻。'"字号的计算方法,依照不同情况,分别采用点数制、号数制和级数制。

点是计算活字大小的单位。"点"即英文point的意译,在中国,有时也被音译为"磅"或"标"。1点等于1英寸的1/72,即0.351 46毫米,一般只精确到小数点后两位,即0.35毫米。

号数制是中国传统计算汉字活字大小的标准。号数有初号、一号、二号、小三号、四号等。号数越大,字号越小。但是标准并不统一,同一号的活字,在同报纸的大小都有差别。目前中国报纸正文一般使用的是小五号字或六号字。

级数制是以级数来计算活字字面大小的标准。现在计算机照排技术采用的级数制,一级为0.25毫米,新五号字为13级,老五号字为15级。

对于编辑来说,字号是最重要也是最直观的编辑手段。一般来说大字号比小字号更强势,内容也更重要(见图6-1)。

图6-1《华西都市报》2019年3月24日头版

【分析】

图6-1的版面中，左边的新闻和右边的相比，字号要大很多，证明左边的新闻比右边的内容更加重要，同时也更能吸引读者的注意，这也是字号强势的意义的具体表现。

报纸要达到吸引读者注意的目的，光靠字号是完全不够的。强势的体现，是综合手段的使用，这里我们先单方面了解字号的使用，后边会详细介绍其他方式。

字体可以传达许多不同的信息。不同的字体有不同的特点，也有不同的用途。中国报纸主要采用的字体有宋体（书宋、报宋、大标宋、小标宋）、楷体（活体、正体）、黑体（细黑体、大黑体、超粗黑体）、魏体、牟体、姚体、隶体等。

宋体，是为适应印刷术而出现的一种汉字字体。笔画有粗细变化，而且一般是横细竖粗，末端有装饰部分（即"字脚"或"衬线"），点、撇、捺、钩等笔画有尖端，属于白体，常用于报纸、书籍、杂志印刷的正文排版。因从明朝传入日本，而又称为明体、明朝体。宋体是生而具来的印刷体，产生于雕版，成型于明朝。而在现有文献中，能明确找到仿宋和宋体均成型于书铺。宋败于金朝后，以为翻印留在北宋的书籍，南宋首都临安的棚北大街上建立了许多出版商，其中有陈起的陈宅书籍铺。陈宅书籍铺出版的书籍有一种甚有特色的楷书字体。这个字体，被后人仿制，就是现代所谓"仿宋体"，成为宋体字的基础。

黑体字又称方体或等线体，没有衬线装饰，字形端庄，笔画横平竖直，笔迹全部一样粗细。汉字的黑体是在现代印刷术传入东方后依据西文无衬线体中的黑体所创造的。由于汉字笔画多，小字黑体清晰度较差，所以一开始主要用于文章标题。但随着制字技术的精进，已有许多适用于正文的黑体字型。在中文中，没有衬线的字体通常称为黑体，这时这个词的范畴和无衬线字体（Sans-serif）是类似的。所以在中文字体中常用"黑体"，在西文中常用"无衬线体"的称呼。而宋体就可以被称作衬线字体。

楷书也叫正楷、真书、正书。从程邈创立的隶书逐渐演变而来，更趋简化，横平竖直。《辞海》解释说它"形体方正，笔画平直，可作楷模。"故名楷书。始于汉末，通行至今，长盛不衰。楷书的产生，紧扣汉隶的规矩法度，而追求形体美的进一步发展，汉末、三国时期，汉字的书写逐渐变波、磔而为撇、捺，且有了"侧"（点）、"掠"（长撇）、"啄"（短撇）、"提"（直钩）等比划，使结构上更趋严整。如《武威医简》《居延汉简》等。楷书的特点在于规矩整齐，是字体中的楷模，所以称为楷书，一直沿用至今。现代排版中常用于评论性文字、编者按语等（见图6-2）。

隶体又称"隶书体"，亦称汉隶，是汉字中常见的一种庄重的字体，书写效果略微宽扁，横画长而直画短，呈长方形状，讲究"蚕头雁尾""一波三折"。隶书起源于秦朝，由程邈整理而成，在东汉时期达到顶峰，书法界有"汉隶唐楷"之称。多用于标题。

魏体，人们会自然地与魏晋南北朝时期以北魏石刻为主的森严规整的正书联系在一起，提到行书，则会习惯地想到东晋二王或北宋苏、黄、米、蔡诸家峻逸洒脱之风格，而把二者合为一种书体魏体行书，熠熠闪光于书坛。这一书风，后人称之为"魏体行书"。

字体在使用上有三个原则：一是"适用"，即根据实际需要选择适合的字体；二是协调，即注意字体之间的协调搭配，避免混用不相称的字体；三是变化，即通过适当变化，来避免版面的单调和呆板，这种变化通过改变字号、笔画粗细来实现。此外，白纸黑字是最醒目、最易读的，黑底白字与文字铺底则会增加阅读的难度，一定要慎用。（见图6-3）

图6-2　《楚天都市报》④ 2020年7月15日A04版

图6-3　常用字体示意图

④　《楚天都市报》是湖北日报报业集团主办的一份面向市民的综合性日报。1996年11月12日创刊，创造了世界报业排名第38位、中国报业排名第7位的发展奇迹。该报已成为武汉地区暨湖北全省发行量最大的日报，阅读率遥遥领先，其爆炸式的增长速度为报业罕见。

《楚天都市报》以"全心全意为市民服务"为宗旨，并以实实在在的"急市民之所急、想市民之所想、解市民之所难"的追求为广大市民所称道，以满足读者多方位、多侧面、多层次的需求，信息量大、可读性强、实用性突出为显著特点。

【延伸阅读】

报纸字体用法深析 [①]

版面是报纸面向读者的窗口，字体是版面中重要的组成部分，通过不同的字体，字号大小的搭配，来传达不同的信息和新闻。不同字体的表现形式不同，意义也不一样。一份好的报纸版面，除了吸引人眼球的新闻报道之外，版面的设计形式和装饰元素以外，字体的变化与运用，能起到不容忽视的作用。

一、运用规范

字体在版面上除了起到传递新闻的作用外，还是一种装饰。合理运用字体，可以让人眼前一亮。一般来说，有文内字号和标题字号之分。文内字号是报纸用于新闻稿件的字体标号，一般小板报纸选用小五号。对于报纸引题、副题的设计而言，字体首先要做到和主标题区分开来，能起到解释和延伸阅读主标题的意义。主标题字体一定要区别于其他字体，做到醒目，美观，有可读性，能一下吸引读者眼球。目前，都市报的头条主标题采用的是兰亭特黑体45号，副题和引题均采用小二号的纤黑，通过主副引题字体大小、粗细的区别，使得版面端庄大方又有视觉冲击力，读者第一眼就会看到标题上，增强了新闻的阅读性。头条以下的稿件用兰亭黑小一号，副题用纤黑小二号。边栏字体用亭黑小二号，副题用纤黑小四号。从字体上区分了稿件的重要性。版内文字均使用了博雅宋。博雅宋字体粗细适中，疏密合理，看起来清晰明目。通过不同稿件标题的字号大小，字体变化，更好地方便读者阅读。版内如果有简讯，一般会用楷体来区分其他稿件，这样使版面活泼清爽。

娱乐版、副刊的标题字体比新闻版的变化丰富得多，可以发挥的地方更多。把字体作为修饰版面的主要手段。标题字号根据文章内容，大小，稿件在版内的位置灵活变化，尽量追求多样化。因为不同的字体形状各不相同，字面的密度也不同，给人的感官也就不同，不同的文章利用不同的字体表达不同的情感，是报纸版面语言的一种。

版面中字体运用必须遵循一定的规律，做到准确，醒目。整个版面合理编排，符合阅读习惯，以便读者更好地寻找自己感兴趣的新闻。

二、搭配合理

版面中要注意字体大小和版面空间的协调。庄重的字体比如黑体、宋体易搭配浅色底纹。而楷体等比较活泼的字体比较适合花底纹，字体太小的要注意不要使用太花的底纹，否则，底纹会影响阅读。

文字的特殊处理，一般要注意以下几点。

（1）不可千篇一律。如整版用相同的形式。

（2）不可杂乱无章。如果每个标题都用相同的花边、底纹，会使整个版面很重，看起来很累。除了规定的格式外，版面应该有适当的变化，让读者的感觉有所不同，从而引发读者的阅读兴趣。但也不能所有的文章，标题都有变化，那样就没有主次之分，而且也会引发读者的视觉疲劳。

（3）不可拥挤不堪。版面上的标题和文章之间的留白，是不可缺少的部分。适度的

[①] 王原贵：《报纸字体用法深析》，载于《新闻前哨》，2013年第10期。

留白是通过黑白对比制造视觉中心，打造版面的重音；二是以白的舒缓性营造版面的透气感，控制版面的节奏。留白要关注视觉中心的营造，要注意版面层次感，并善于用留白打造不同的风格，把不同的稿件组合成一个层次分明，简洁的版面。因此，科学地运用留白，使版面从视觉上更好地实现新闻的有效传播。

第二节　线条的勾勒

目前报纸常用的线条大致分为两种，一种为水线，又叫做铅线，用于报纸排表格、划分段落以及字行之间的界线等。水线有正线（细线）、反线（粗线）、双正线（两行细线）、双反线（两行粗线）、正反线（两行线，一粗一细）、导点、点线、曲线等。（见图6-4）

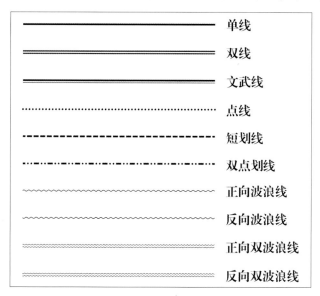

图6-4　水线图例

另外一种称为花线，是具有各种花纹的线条。花边和花线字样式上没有什么区别，有时我们也把花线、花边统称为花线。（见图6-5）

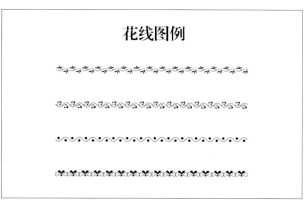

图6-5　花线图例

　　线条在版面编辑时有着重要的作用，也是现今版面编辑常用的手段之一。不同类型的线条，同一条线条的不同设计都会产生不同的意义。版面编辑对线条的使用方式非常灵活。可以加平行线，也可以加两条边、三面勾边，也可以加四条边，叫围框。封闭的框具有内向力，在视觉上更容易分辨；反之，则会有较大的张力和放射力。

　　线条在版面中可以显示不同的作用，归纳起来主要有以下几个方面。

一、强势的作用

　　重要的稿件可以借助线条使其突出。比如，给整篇稿件加框、天地线，或在文内的行间加水线，则挂牌件就会因与其他稿件在版面上处理上的不同而显得突出，从而更引起读者注意。在线条的处理中，围框、三面勾线、两面勾线、加平行线等方式，强势的效果依次减弱。有人说现代报纸已经不通过线条的使用，来吸引读者的注意，这种观点不正确，线条使用是在减少，但它同时也是最简单、最有效，达到让重要内容强势的目的的方法（见图6-6）。

图6-6 《新快报》2014年8月10日B01版

【分析】

　　在图6-6中，受众可以轻松感受到版面刊载内容在版面上被重点突出的视觉效果。除了图像之外，线条在版面中的使用达到了版面编辑将刊载内容强势凸显的目的，给读者一种一目了然、重点突出、主次分明的视觉效果。整个版面布局平淡，围框的出现起到了有效突出的作用，这正是线条在版面中的强势作用之所在。

二、区分的作用

在稿件与稿件之间加以线条，就能使稿件更清楚地区分开来。这种区分，不仅可以用来表示稿件与稿件之间的分界，避免错觉，以便阅读，而且可以用来表示稿件与稿件之间内容上的区分。（见图6-7）

图6-7　《羊城晚报》2020年7月15日A14版

【分析】

在这个版面中，我们可以看到版面被明显地分为4个区域，图、文、线综合使用，一改传统规则式版面编排手法，以图为主，线条勾勒突出，色块点缀，文字补充说明交代主旨，这样的处理让内容显得更加清楚。

同时，线条的使用还可以起到平衡版面的作用。右侧图片在整个版面中虽然所占篇幅较大，但从整体版面平衡角度看来，并不能让版面达到平衡，一条红色的线条可以有利地吸引读者视线，使版面达到平衡。如此可使版位原则中的右方重于左方原则得以实现。

三、结合的作用

几篇稿件如果给它们围框、勾边，这几篇稿件的关系就会显得更紧密，同时与其他稿件更清楚地区分开来。因此，读它们时，就会自然把这几篇稿件结合在一起，看成一个统一

的、区别于其他稿件的整体。专栏需要勾边、围框就是这个道理。（见图6-8）

图6-8 《新快报》2009年6月6日A21版

【分析】

围框这种报纸编排的处理手段，不仅有强势的作用，也有将相关稿件结合在一起的作用。图6-8中，女排夺冠的内容为头条，但将夺冠整个过程的相关内容都放在框内，读者就会觉得所有内容是一个统一的整体。此外，如此编排也非常适合专题版面编辑的设计需求，通过线条的合理使用突出一种内容结合的效果，可以让读者在阅读内容之前轻松地通过形式判断出所刊登的内容属于专题报道内容。

四、表情的作用

各种线条由于形状不同，风格也不相同。一般来说，花线、花边比较生动活泼，水线则比较朴实。各种水线的风格也不相同，如曲线比较活泼，而反线比较深沉。因此可以利用不同的线条来表达稿件不同的感情色彩。比如，喜讯、好人好事的报道，比较谐趣的报道，装饰可以采用花线、花边；讣告性的新闻使用黑边，这样能使内容的特征通过编排形式生动地表现出来，更好地感染读者。应该注意的是，正因为各种线条有一定的风格色彩，运用线条必须根据稿件的内容来决定，不能滥用。比如，一般性报道、批判或揭露性的报道、反映困

难情况的报道、能引起人们哀痛情绪的报道，就不宜加花边、花线。（见图6-9）

图6-9 《新快报》2009年6月6日A02版

【分析】

线条在图6-9的版面中的表情作用，主要体现在线条的使用类型（围框式）、颜色、线宽、线条搭配几个方面。首先，版面报道内容不需要太多的赘述，其渗透出的是一种悲痛、严肃、震惊的情绪。其次版面采用了一张占版面1/2篇幅的图片，图片主色为黑色。基于以上两个方面，版面编辑在使用线条时选用的是加粗的单直线，三边等宽，且在下方使用黑色矩形条。这样的处理方式，足以让受众感受到一种符合报道内容和情感的表情。

五、美化的作用

版面适当地运用线条，可以使整个版面增加变化，显得比较生动。花线、花边具有一定的造型美，对于版面也能产生装饰的审美效果。

线条运用最多的是围框和勾边。围框和勾边虽然都有上述几个方面的作用，但情况不完全一样。一般来说，围框所起的以上几个方面的作用要比勾边更强，因此对内容的要求也更严格（郑兴东、陈仁风、蔡雯，2001）。

【延伸阅读】

报纸版面的线条装饰艺术 [1]

用黑色的线条装饰报纸版面,使其产生美感效应,以更好地发挥版面为读者导读的功能,这是报纸版面设计的一种形式,这种形式通常被人们称为"线饰"。

用黑色线条装饰报纸版面,之所以使报纸的版面艺术更加完美,显现的效果更加令人满意,我认为有以下两点突出的作用:

首先,黑色线条的色调浓重,无论与任何色彩结合,都显得非常突出,特别是呈现在报纸版面的构图中,其高雅的气质会使之增添许多艺术光彩。

报纸版面设计的本身就是艺术上的构图。我们知道,在黑白报纸版面的构图中,只能运用白、灰、黑3种色调来进行。黑,被称为版面的色调之王,由于它具有强烈的视觉效果,版面编辑在设计版面时,主要将其用于突出稿件的标题。由此也可以说,这3种色调的构成艺术即是报纸版面的设计艺术;3种色调的运用手段和搭配技巧决定着一张报纸的形象。

实践经验表明,一张报纸要想利用自己版面的构图艺术在竞争中取胜,就必须加强对黑色的利用,在色彩的组合上出现黑白相映的立体效果,让报纸的版面设计在艺术上进入一个高、新的层次。

其次,创造性地运用版面的"线饰"艺术能使报纸的版面形式五彩缤纷且各具特色。

黑色线条在版面编辑的操纵下,不仅能单独地将版面分割成版块,而且能按照个人的意志和愿望美化版面中的各个部分。

装饰报纸版面上的照片,对于版面编辑来说,最善用的方法就是"线饰"。特别是对高色调的照片,当黑色线条将它圈入其中的时候,它便会呈现出一种耐人寻味的艺术效果。

用黑色线条圈饰版面上的重要报道,是版面编辑们常用的手段。这种有目的、有针对性的"线饰"方法,能够有效地达到突出重要稿件的目的,同时也美化了报纸的版面。

"线饰"版面中的标题,手段和形式可是多种多样。其一是圈饰整题。这种方法是把重要稿件的标题,无论是肩题加主题,主题加副题,还是三者都有,同时采用一条黑线一并圈起,从而起到强化、美化稿件标题的作用。其二是在只有主题和副题的标题中,只"线饰"主题。这种方法虽说用得比较普遍,但"线饰"的方法是比较讲究的,最好的方法是将题字分开逐个"线饰",但只有在主题的字数适当,占用空间又恰到好处的条件下方可进行。逐个"线饰"主题的每一个字,可采用圆形或者椭圆形的形式,也可采用方形、长方形、扁方形以及菱形、三角形等形式,还可随意设计一些理想的图形。在这些形体之中,可以在字的底部留白,使之俊俏、活泼,单纯地呈现线体构图的美感;也可以在形体之中铺设自己满意的底纹,这样的效果更会增添一分色彩上的美感,显得娇柔、可爱。其三是单纯地"线饰"文章的一行标题,方法和形式就更多了,不仅可选用以上的任何一种"线饰"方法,还可以根据题意或题中的词义去构图,使之出现一题中有的字用"线饰",有的字不用"线饰",或者在一题中"线饰"出两种或两种以上不同的形体,其效果更令人感到如目传神,活气、漂亮,给人以轻松、愉快的感受。

---

[1] 高宝芬,赵永枝:《报纸版面的线条装饰艺术》,载于《中华新闻报》2002年12月28日第4版。

第三节　图像的点缀

　　报纸上的图像不光只有新闻图片、漫画和新闻图表，还包括绘画、刊头、版花、题饰、题花、插图等。图像和文字相比，在版面的强势作用上，图像比文字更强势，更容易吸引读者的注意。

一、刊　头

　　用以标明副刊、专刊刊名的美丽装饰图案，作为副刊、专刊的标志。刊头既要点名这是副刊、专栏的特点，又要对内容有渲染和烘托的作用。

　　副刊，是报纸上用文学体裁反映社会、文艺色彩较浓的、能给读者提供美的享受的固定版面，定期出版，一般有刊名。常见于各种报纸区别于新闻的版面和栏目。当下的商业报纸进入厚报时代，受众细分，为了吸引读者购买阅读和吸引广告商，也为了和电视、电影、图书、网络等传播媒体争夺读者尤其是青年读者，报纸副刊类的版面越来越丰富。可以说当下报纸副刊进入了一个前所未有的繁盛期。（见图6-10）

图6-10 《华西都市报》2020年7月8日A8版刊头

　　专刊：报纸上用文章形式深入阐释新闻事件和社会热点，阐发理论见解，介绍各种知识的固定版面，定期出版，一般有刊名。（见图6-11）

二、版　花

　　插在文章开头或末尾的装饰小画，是美化版面的一种形式。它的图案与插入的文章主题要和谐一致，以起到点染、烘托的作用。版花一般不用于政治性强、严肃、庄重的版面上，多用于副刊。有时也把头花、尾花统称为版花。

三、题　饰

　　对文章的标题或栏题的装饰，起到突出标题、美化版面的作用。

图6-11 《华西都市报》专刊

四、题 花

报刊上标题、栏题、口号所加的装饰性图样，用以美化版面，也称头花、报花等。

五、插 图

报纸上的插图可以分为两类，一类是与内容结合紧密，另一类则是仅仅起美化作用的。但是不管哪一种，都需要作者尽快构思、尽快创作、尽快交稿，也就是说基本上都是"急就篇"。要在那么短的时间里创作出艺术性强、符合报纸和版面特点的插图，不是一件容易的事情。

第四节 色彩的描绘

彩色印刷是现代报纸的重要标志之一。色彩更是数字出版时代报纸版面编辑的重要编排手段，能够最直观、最有效地表现编辑的意图，是其他一切编排手段不可比拟的。

美国佛罗里达州波因特研究中心的马里奥·加西亚和佩姬·斯塔克·亚当在1989年进行的一项视线追踪研究，得出以下结论：

第一，读者喜欢版面上的颜色，但是单纯的色彩并不能使版面产生足够的吸引力，因为色彩需要表现好的内容。

第二，一版面中的主图对读者吸引力是最大的，不管这幅图是彩色的还是黑白的。相对于色彩而言，图片的大小与位置的高低对读者的视觉冲击更为有效。

第三，彩色背景能对稿件起到突出与强调的作用，但是它只有在小块区域内使用才能最有效，而且不能使用得过于狭长或过于扁窄。

第四，彩色的字体能有效地吸引读者的注意力。

色彩作为版面编辑中的编排手段，其作用主要有以下几点。

一、传递情感

人们眼中的世界是五彩缤纷的，不论是自然界中的花红柳绿，还是社会生活中的红墙白瓦，色彩架构了人类世界的缤纷和完整。在视觉艺术领域中，色彩更是被广泛地应用于一切可诉诸视觉的艺术形式中。俗语有云"先看颜色后看花"，在色彩与形式构成的视觉世界，色彩因其强烈的视感知能力总是能够先声夺人。正是这种强大的吸引力，造就了色彩在营造场景、渲染气氛等方面先天的优势，尤其在表达情感方面，色彩更是首当其冲，这也使得色彩成为视觉艺术表达的一种重要手段。

版面编辑必须对色彩的感情因素和功能有一个较为完整的认识，使色彩成为新闻传播的手段，让它说话、传情，显示报纸自身的格调，而不仅仅只是作为打扮版面的调色板。

　　不同的色彩可以给予读者不同的心理感受。如红色象征热情、热烈、喜庆、吉祥、兴奋、革命、火热、性感、权威、自信，是个能量充沛的色彩。不过有时候会给人血腥、暴力、忌妒、控制的印象，容易造成心理压力。粉红色象征温柔、甜美、浪漫、没有压力，可以软化攻击、安抚浮躁。比粉红色更深一点的桃红色则象征着女性化的热情，比起粉红色的浪漫，桃红色是更为洒脱、大方的色彩。橙色象征着温暖、它富于母爱或大姐姐的热心特质，给人亲切、坦率、开朗、健康的感觉。介于橙色和粉红色之间的粉橘色，则是浪漫中带着成熟的色彩，让人感到安适、放心。黄色是明度极高的颜色，能刺激大脑中与焦虑有关的区域，具有警告的效果，所以雨具、雨衣多半是黄色。淡黄色显得天真、浪漫、娇嫩。艳黄色有不稳定、招摇，甚至挑衅的味道。蓝色让人感到幽远、深邃、宁静、理智，略带几许忧郁和伤感。绿色是中性色，它象征着和平、生命、青春、希望。紫色象征着神秘，暗紫色代表迷信，亮紫色象征着高贵典雅等。黑色象征着稳重、严肃、庄严肃穆等。白色象征着纯洁、和平、单纯等。（见图6-12、图6-13）

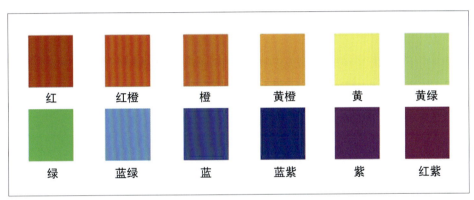

图6-12　颜色示意图（一）

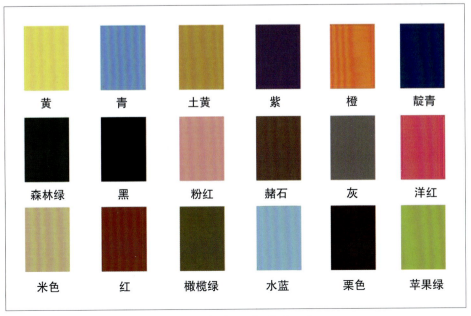

图6-13　颜色示意图（二）

版面编辑巧妙地使用色彩来装扮和描绘版面，可以让版面更好地传递信息，更好地释放情感，让读者可以无限接近报道内容所要传递的情感。（见图6-14）

图6-14 《羊城晚报》2019年6月28日13版

【分析】

版面的主要色调是充满生机的绿色和温暖的黄色，这样的色调和版面想要表达的意义是完全一致的。梦想对于每个人来说是希望，是美好的东西，绿色象征希望。如此传情达意可谓巧妙。

二、凸显强势

当一个版上的一个局部套色时，这个局部就可以因与其他局部在色彩上的对比而显得分外醒目。因此，套色是增强强势、突出重要稿件的一个重要方法。（见图6-15）

图6-15 《青年时报》2010年12月5日A16版

【分析】

在报纸版面中使用颜色，一般都不是100%的纯色，比如图6-16中的绿色，并不是CMYK颜色中100%的绿色，而是根据版面报道内容调制出的一种更为切合的颜色。版面色彩运用与报道内容、版面图片色彩趋于一致，和谐统一，韵律自然，美不胜收。

三、生成美感

运用色彩可以使版面更富于变化，避免单一。如果多种色彩运用得和谐，更能使版面在整体上获得审美的效果。马克思说过："色彩的感觉是一般美感中最大众化的形式。"作为面向大众的报纸，在版面上应重视色彩的运用。（见图6-16）

【分析】

整个版面的基本色调为黑色和灰色，给人一种十分压抑的感觉。人们通常对深颜色比较敏感，在这个版面中，黑色作为冷色系，十分吸引读者的视线，黑色和图片中的浓烟起到了吸引读者注意的效果。

图6-16 《山东商报》2010年11月16日头版

四、辅助表意

当版面以相应的色彩差来表现新闻的内容所涉及的客观事物的色彩时，新闻内容的特征和意义可以借此获得更形象、鲜明的展现。（郑兴东、陈仁风、蔡雯，2001）（见图6-17）

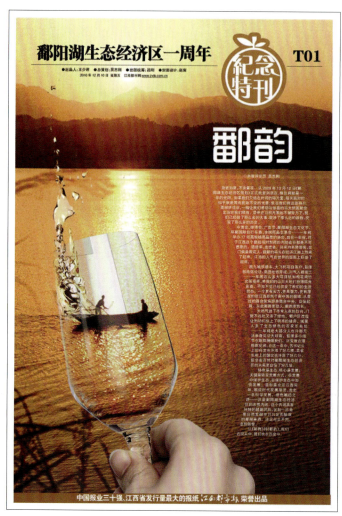

图6-17 《江南都市报》2010年12月10日版面

【分析】

图6-17中，主要突出的是一个"韵"字。在这样的版面中，色调使用夕阳余晖的橙黄色，体现了鄱阳湖美丽的韵味。暖色调的处理，给人温暖、惬意的感觉。

在这里我们还要强调留白。所谓留白就是图、文或标题四周留出的适当空白。对于版面来说，留白也是一种颜色。它可以形成鲜明的黑白对比，使图、文分外突出，引人注目。美国哥伦比亚大学的约翰·史密斯和锡拉丘兹大学的马克思·韦尔、迈克·戈麦斯共同主持的研究表明：在同一个版面上的两篇文章，如果其中一篇周围留有较少的空白，另一篇的周围留有较多的空白，那么读者会优先选择后者。这充分表明了留白在增加易读性和局部强势方面的作用。

除了增加易读性和局部强势以外，适当的留白还可以有充当停顿和透气的功能，给读者提供喘息和思考的机会，并对美化版面起到一定的作用。

留白正受到越来越多的编辑的青睐。这是因为留白更符合简洁、单纯的现代主义设计风格，可以更迅速、有效地传达信息，符合现代报纸版式设计所推崇的减法式编辑原则。可以说，留白是版面排版的一种形式，同时也是版面的一部分，是一种无声的版面语言。如同沉默是生存的方式一样，留白也是布局的一种规则。在编辑实践中把留白使用得出神入化，赋予留白以生命，往往能收到意想不到的结果。（见图6-18）

图6-18　《新快报》2009年6月6日A28版

【延伸阅读】

报纸版面设计中色彩元素的深度运用①

版面是报纸的脸面，是吸引读者的重要手段。随着排版技术与印刷技术的发展，色彩在报纸版面设计中的重要性日益凸显。色彩已经成为报纸版面的重要设计元素，从版面字体的选择、线条的安排，到版面的布局、图片的应用，都与色彩的运用有着密切的联系。因而，在现代版面设计中，必须按照色彩运用的规律处理版面色彩。本文认为色彩在报纸版面中具有信息、传情和造势的基本功能。报纸版面中恰当的色彩运用，有助于塑造报纸形象，传递版面情感，调节版面的节奏和韵律。在报纸版面中使用色彩元

---

① 王钧：《报纸版面设计中色彩元素的深度运用》，载于《现代装饰》2013年第3期。

素，应把握注重色彩的和谐调配，发挥色彩的对比组合功能，色块安排应避零求整等基本原则。

一、色彩在报纸版面中的基本功能

色彩作为报纸版面的重要设计元素，主要具有以下几方面的功能：一是信息功能，报纸的主要功能是传递信息，报纸中色彩的运用也就具有了传递信息的功能，如报纸在传达喜庆信息时喜欢以红色来表现。二是传情功能，色彩所具有的感情内容是人们在接触色彩时发生的一种心理感应，从而使色彩具有了一定的感情，色彩具有无穷的色相和色阶，这些色相和色阶的组合对人们的情绪具有影响作用，编辑对色彩技巧的熟练运用有助于正确的使用色彩，而不至于发生碰撞。三是造势功能，彩色具有较强的视觉吸引力，能够有效地引导人们的视觉、视线流动，所以，色彩能够为事物营造一定的气势，运用到报纸版面中就具有了造势的功能。

二、色彩在报纸版面中的作用

当前，报纸版面的功能已经从单纯传递信息向多方位拓展，版面有着为报纸形象定位、满足人们审美需求等多种功能。因此，报纸版面设计元素的应用显得越来越重要，色彩在报纸版面中的地位更加凸显。这是因为随着印刷技术的发展，彩色胶版已经完全取代了黑白印刷，为色彩在报纸版面中的广泛应用提供了可能；电视、互联网等现代媒体的快速发展，给报纸带来了前所未有的冲击，为了生存和发展报纸不得不进行版面设计的创新，以求用图片或色彩来吸引读者。当前我国的报业市场已经基本形成了成熟的竞争格局，在发达地区报纸之间的竞争接近白热化，这就使版面设计成为报纸间竞争的重要内容，色彩在版面中的地位愈发重要。

（一）色彩有助于塑造报纸形象

版面设计风格直接影响着报纸的形象与风格，在版面诸多设计元素中，色彩对报纸形象有着重要的影响。如《今日美国》就采用了独特的设计风格，减少版面色彩的应用，标题一律横置，从而形成了安静沉稳的风格，以加强人们对新闻内容的关注。《北京青年报》则采用了主色调、大色块、浓墨重彩的版面色彩风格，塑造了独特的形象。

报纸的首要功能是传播新闻信息，因而版面色彩应用也应立足于信息传递。色彩是一种独立的视觉语言，它可以折射出一个民族的文化特点、时代风貌、地域特色等，正确地运用色彩语言可以传播出更多的视觉信息。例如《南方都市报》娱乐版就采用了明度较低的褐色、黑色等，与版面上的白色形成鲜明的对比，从而增加了报纸的视觉吸引力。

（二）色彩有助于传递版面的情感

色彩可以影响人的情绪和情感变化，同时不同年龄、生活习惯、生活阅历的人对相同色彩也会有不同的感受。在长期的生活实践中，人们对某些色彩形成了固定的认识，如红色象征着活力、喜庆、吉祥；黄色象征着地位、权威、尊严等；白色象征着圣洁、单纯、高尚等。

在版面色彩运用上，编辑应通过正文、线条、标题的着色来体现自己对报道内容的评价，从而使报道带有明显的感情色彩；应通过对报道内容的整体策划，创造出良好的阅读氛围，更好地吸引受众。由于不同地区在风俗习惯、文化传统方面有着不同的差异，色彩所表达的寓意也不尽相同，在设计中应注意这些差异。一般来说，在对娱乐版版面进行设计时可以将暖色带作为主色带，以更好地烘托气氛。

（三）色彩有助于调节版面的节奏和韵律

在报纸版面设计中，点、线、形、色等设计元素的应用应当以重复、交错、起伏、简便等形式体现出一种节奏感与运动感。通常，不同方式的版面色彩处理会产生不同的节奏和韵律。用色彩调节版面节奏是指用色彩的温度感、强弱感、情绪感等来突出中心稿件的强势地位。而标题、图片、正文、线条的色彩运用可以形成流动的节奏，引导读者的阅读程序。

通常在阅读中人的眼睛会产生一个视焦，在版面色彩运用中应该充分利用色彩对人心理影响的作用，处理好版面各部分之间的关系，通过明度、纯度的变化来引导读者的视线，使色彩变成一个指挥棒，指导读者读懂版面语言。从绘画学的原理来说，彩色的记忆效果是黑白的三倍多，这说明彩色报纸比黑白报纸更能吸引读者，彩色版面更能影响读者的视线流动。

三、报纸版面设计中色彩运用应遵循的基本原则

（一）注重色彩的和谐搭配

从明度上可以将色调分成高调、低调、灰调；从心理感受上，可以分为冷色调、暖色调与中性色调。报纸版面需要有一个主色调，其他色调应受主色调支配。在色彩运用中还应考虑到色彩面积关系的对比，主色调应占据版面的三分之二以上，与主色调相搭配的应该是相近色系。同时，主色调的选用应以图片的色调为主，如果图片是绿色，就应该采用绿色作为版面的主色调。如《三晋都市报》曾使用了一副粉红色女模特高跟鞋的照片，其主色调就使用了粉紫色，这样就将娱乐圈说不清道不明的暧昧关系映衬出来，造成了强烈的视觉冲击力。版面色彩还可以传递编辑的思想感情，如报道严肃、悲痛的内容时，一般会使用黑色、绿色、灰色等冷色调。

色彩的和谐可以愉悦人的视觉与精神世界，而色彩和谐的本质就是色彩的合理搭配，只有按照色彩搭配的规律，才能实现报纸版面内容与形式的高度统一。

（二）发挥色彩的对比组合功能

今天的报纸在色彩运用上丰富多样，给报纸版面设计提供了广阔的选择空间。巧妙地使用色彩组合，可以产生强烈的视觉冲击力。在具体的色彩运用中常常会遇到一些难题，如果色彩缺少对比，会使画面显得呆板单调、平淡无味；如果选用对比强烈的色彩组合，则会出现色彩杂乱、生硬的问题。通常，在报纸版面上不应出现三种以上的颜色，色彩使用过多会使版面复杂混乱；色彩使用过少会使版面的形式单调、平淡，缺少立体感。因而，在版面色彩使用时，应采取互补的色调，对色彩位置布局、面积大小、明度纯度等进行巧妙地安排，在对比中实现渲染气氛、丰富画面、表达情感的目的。例如可以将蓝色与黄色、红色与青色等互补色一起使用，这样可以凸显更加鲜艳的颜色。同时，应很好地利用空白，为读者留下一个视觉缓冲空间，以此吸引读者的阅读兴趣。此外，在运用对比协调方法丰富报纸版面时，应兼顾色彩之间的色对应效果。

（三）色块安排应避零求整

报纸版面在运用色彩时，必须注重整体和谐，把握好用色的"度"。如果各种色彩无所不用，在各个版面上都铺上色彩，就会淡化用色的重心，起到反作用。在版面设计中，大红、鲜蓝等艳丽明快的色彩如果使用过度，会使版面显得特别刺眼。因而，杏黄、桔绿等相对柔和的色彩逐渐成了设计师的首选。此外，版面中的色彩不宜过多，过多会给人繁杂凌乱的感觉。另外，色彩的搭配还体现在标题与正文、标题与稿件的色彩搭配上，色彩的和谐搭配可以分为同类色搭配、相似色搭配、互补色搭配这三个方面，其中互补色搭配的对比效果最为强烈。

在信息化时代的今天，报业内部、报纸与现代媒体之间的竞争日趋激烈，报纸要在激烈的竞争中立于不败之地，就必须高度重视报纸色彩的运用。但是，一切色彩的运用都是为了突出报纸内容、愉悦观众，所以在运用色彩时，必须遵循报纸版面设计的基本原则，合理地利用色彩。

关于色彩的搭配和调制，可参照以下附图：

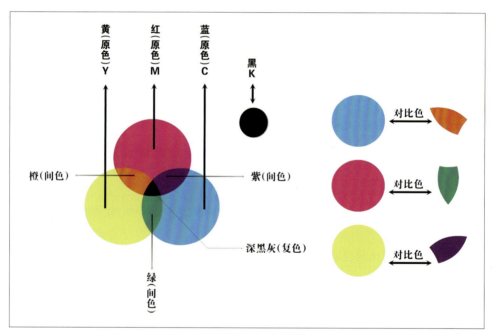

图6-19 色彩成色示意图

【分析】

通过图6-19可以清晰地看到版面色彩的产生是基于C、M、Y三色，不同的结合可以产生不同的供选择使用的色彩。

图6-20 演色表（一）

图6-21 演色表（二）

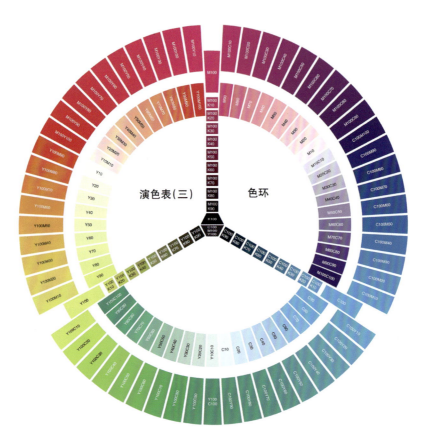

图6-22 演色表（三）

【分析】

图6-20、图6-21、图6-22是自然界中存在的不同色彩及调制的参数，版面编辑如需要某种色彩，可参照以上颜色表示意图，在调色板中输入相应的色值即可得到想要的色彩。

第七章　版式与审美

第七章　版式与审美

版式设计是具有美学特色及个人风格的视觉传达方式，它的原则是使受众接受正确信息，同时又让受众享受美，这种信息传递是作者思想意图的体现，是版式设计师长期的艺术修为、超强的整理逻辑思维和个性美学的表达，是版式设计师个人对美的呈现。版式的最终目的是在设计过程中，根据内容、审美功能系统的要求，把文字、图片、图形、表格、色彩等视觉元素，按照设计创意要求进行创意，并运用造型要素及美学原理，把构思以美的形式组合配置在特定版面上的过程。也是寻求美学手段来正确地表现信息内容，是一种直觉性、创造性的活动。

第一节　版式的意义

文化全球化的今天，生活节奏和经济发展加快，传媒形态日益丰富，使我们对信息的接受也越来越苛刻，在高效快速的同时，对美的要求也越来越高。于是版式设计就成为不容忽视、不可缺少的重要媒介。

版式设计使版面产生清晰的条理性，用合理的组织编排来更好地突出主题，达到最佳信息传递效果。在过去，人们把它看作是一种编排技术，并没有把它列入艺术设计的范畴，实际上它不仅仅是一种技能，还是一种艺术与编排高度统一的表达方式。

版式设计应用广泛，在设计领域无可厚非地占有重要的地位。版式设计的应用范围基本包括两大类：① 传统媒介（报纸、杂志、书籍、画册、产品样本、挂历、招贴）等。② 现代媒介（网页/电子书/新媒体）等。

图7-1 《跋涉》（设计者：漆尉琦）

图7-1为商业书籍的版式设计，在传递信息的同时结合了现代版式美学。

图7-2 《永不放弃》（设计者：漆尉琦）

图7-2为电影推广的设计。这部电影的主题定位，已经划定其元素的范围，通过有限的元素进行编排，通过数媒科技进行图片的叠加。变化的版式体现了现代版式美学。

图7-3《交大主页》(设计者：漆尉琦)　图7-4《交大EMBA》(设计者：漆尉琦)

图7-3、7-4为两套网页设计，两套作品都以蓝色为基调，交大EMBA网页加入金色与渐变，在视觉上更加商业现代。而交大主页配上灰色，呈现稳重大方的视觉感受。两套作品为一个体系，但定位有所不同，所以版式和元素都有所变化，但都透露出现代版式美学。

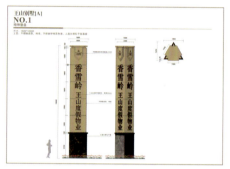

图7-5 《王山别墅导视系统》（设计者：漆尉琦）

图7-5为导视系统。版式设计的应用非常广，不仅仅是在平面中使用，与其他行业都有联系。

图7-6 《心路履痕》（设计者：漆尉琦）

图7-6为CD装帧设计，通过图片与文字的编排，以图片的冷暖色彩对比，从视觉上表现出音乐的韵律。

图7-7《第五届飞思卡尔全国大学生智能车竞赛》（设计者：漆尉琦）

　　图7-7为一套活动的视觉系统，通过基础的定位，找到相应的符号，设计LOGO。基础部分确定以后，将活动信息用现代版式进行编排，整合出活动所需要的项目。

<h1 style="text-align:center">第二节 版式的类型</h1>

一、现代极简型

简约化是现代版面设计的主要类型之一。在信息爆炸的当代社会，现代简约、直接切入主题、充满创新意识的版式，才能在芸芸众生中刺激受众的眼睛，产生吸引力与冲击力，从而达到版式的商业传播的目的。

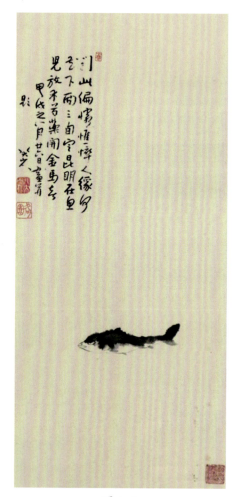

图7-8

谈到现代简约化，首先了解中国传统的简约美学。图7-8是朱耷①的一幅代表作，除去落款，题跋，仅剩一条鱼，简约而不简单，充分体现了八大的心情。

这幅画的排版充分体现了"此处无物胜有物""惜墨如金"的中国简约画风。

---

① 　朱耷（约1626年—约1705年）明末清初画家，明朝宗室。号八大山人，汉族，南昌人。明亡后削发为僧，后改信道教，住南昌青云谱道院。绘画以大笔水墨写意著称，并善于泼墨，尤以花鸟画称美于世。在创作上取法自然，笔墨简炼，大气磅礴，独具新意，创造了高旷纵横的风格。他的大写意花鸟画受徐渭影响，以简洁孤冷的画风，而自成一代宗师。

图7-9

图7-10　梅田医院导视系统

图7-11　个展"设计的设计"的海报设计

图7-9～图7-11为日本中生代大师、MUJI艺术总监原研哉① 的作品。图7-9流露出优雅的禅味。图7-10为梅田医院指示设计，简约，现代，表现出触觉在视觉传达中的可能性。极具代表性，成为标榜性的佳作。图7-11为原研哉的首次大型个展"设计的设计"的海报设计。

① 原研哉（Kenyahara，1958—），日本中生代国际级平面设计大师、日本设计中心的代表、武藏野美术大学教授，无印良品（MUJI）艺术总监。设计领域泛于长野冬季奥运开、闭幕式节的节目纪念册和2005年爱知县万国博览会的文宣设计中，展现了深植日本文化的设计理念。在银座松屋百货更新设计中，横跨空间到平面实践整体设计的方向。

图7-12 《三星堆》（设计者：漆尉琦）

　　图7-12为一套三星堆介绍画册，主要通过点线面进行分割，以突出文物图片为主，用传统的红色、黑色作为基调，用现代简洁的编排方式进行表达。简洁的排版更能体现内容，简洁是美学的基础。

 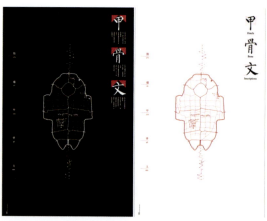

图7-13 甲骨文（设计者：顾鹏）　　　图7-14 甲骨文文化海报（设计者：顾鹏）

　　甲骨文，中国汉字的源头，犹如中国文化血脉。图7-13的创意来源：殷商武丁早期征讨卜辞（龟腹甲、正反各卜五次）。图7-14为甲骨文文化海报，用线形表达。画面延续了传统，现代简洁，流露出千年的神秘。

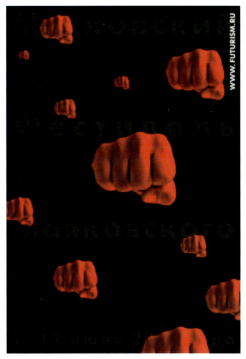

图7-15 俄罗斯国家艺术奖的年轻大师
罗克威海报设计

图7-16 "东西相会"海报设计（设计者：
陈幼坚）

图7-15这幅作品通过单一的元素，视觉冲击力集中在画面中心，而画面周边已经破开，仿佛拳头从画面冲出要打到自己脸上，充分体现视觉的力量。

图7-16这幅海报简约而不简单，将西方美学与东方韵味相结合。古朴而不失现代简洁之风，流露出浓浓的优雅。

二、彰显个性型

个性型是版式设计最主要的灵魂性的要点。

当前，商业和设计行业出现重叠，版式不仅要跟上美学的发展，还必须赶上科学技术的进步。充满个性的版式会直接进入受众的心里。设计走向商业化，走向程序化。在这个时代个性就成为设计师的设计生命。

设计理论是共性，设计理念是个性。

谈到个性我们先了解世界三大平面设计大师之一——德国视觉诗人"冈特·兰堡"[①]。

兰堡一直对自己说："诗、艺术和文学是人们每天都能感受到的，它无处不在，人们只要去观察它就能发现它。"

① 冈特·兰堡，1938年出生于德国麦克兰堡，1958年进入卡塞尔造型艺术学院学习绘画和实用美术，毕业后担任了多年广告代理机构的艺术总监，设计产品和服务业的广告，从中积累了大量经验。在此期间，他创建了自己的摄影工作室，1968年迁到法兰克福，1974年担任卡塞尔大学平面设计专业教授，国际平面设计师协会成员。

他执着地用理性主义、弗洛伊德主义的心理结构理论看待当今社会的进步。他的这种执着直接反映在他的作品中。

土豆系列是他最著名的作品之一，个性十足。在个性的背后是因为他灵魂深处对生活的感触，土豆是德国第二次世界大战时期苦难的百姓充饥的食物，没有土豆也就没有德国，这是他对生活的感触，他告诉我们设计来源于生活。他的土豆招贴令人称道的不是土豆本身，而是奇特的创意和视觉效应的魅力。

书籍是兰堡创作的另一个设计重要的主题。在兰堡眼中，书籍能给人带来光明和希望。

从他的作品，我们可以看到，大师的个性真正的源泉是生活。喜欢阅读，用哲学的思维来完成自己的作品。

在30年的职业生涯中，兰堡设计了约3 000幅招贴，每一幅招贴后面都有一则故事。他的招贴画多次在国际艺术大展和双年展上获奖，纽约现代艺术博物馆将他的几幅作品作为永久藏品珍藏。

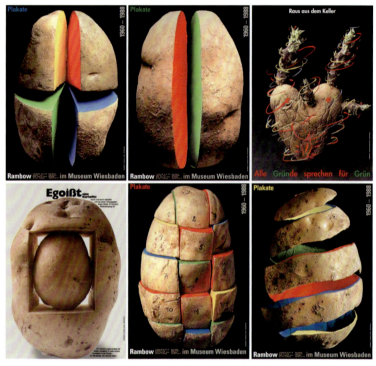

图7-17（1）土豆系列

图7-17（2）书籍系列

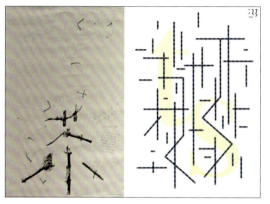 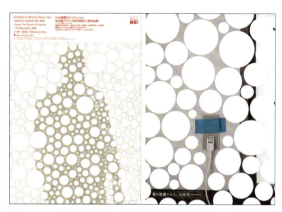

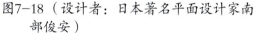

图7-18（设计者：日本著名平面设计家南　　图7-19（设计者：著名平面设计家山内瞬叶）
部俊安）

图7-18，枯枝和细线条加上文字使作品富有历史和文化底蕴。粗细一样的线条使作品富有现代的视觉个性。

图7-19中点就是面，面也是点，单一的元素使得画面非常丰富。

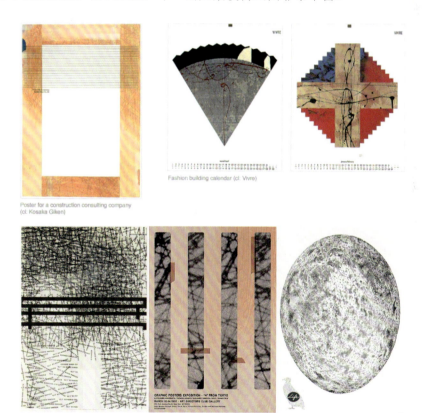

图7-20（设计者：日本著名平面设计家泽田泰广）

泽田泰广的设计作品有鲜明而独特的风格，有强烈的表现性，这种表现性既来自于文化环境的启发，更来自于他善于体验和感受的，丰富的内心世界——在日本设计界，泽田泰广被誉为"新感觉平面设计家"。（见图7-20）

三、符号表征型

现代设计逐渐符号化，如一个汉字，一个图形，一个字母，都呈现结构主义、解构主义等西方抽象哲学的影响。

现代平面设计也受到中国传统绘画的影响，如留白、虚实关系、散点透视等表现形式。

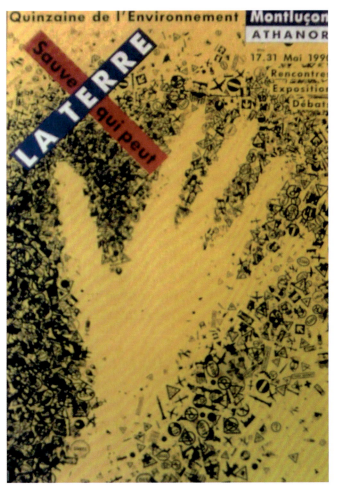

图7-21 不要践踏地球(环保题材)(设计者:奎内兄)

图7-22 法国南部拉斯卡的岩洞壁画

图7-21的创意来源：法国南部拉斯卡的岩洞壁画（见图7-22）。

图7-21的排版里面用了大量的符号组成一只手掌的负型。这些符号代表不同的行业，不同的文化背景。杂乱的堆砌让我感觉到视觉的不舒服，也深深地刺激了受众的心。

图7-22 法国南部拉斯卡的岩洞壁画无名指修长，小指短小——考古学家据此得出壁画出自史前女艺术家之手。

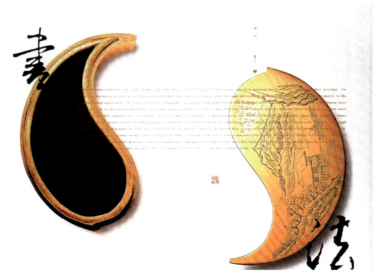

图7-23　DDD设计艺廊六周年纪念展（设计者：陈幼坚）

图7-23的作品运用了中国传统符号书法和文房四宝，使作品充满视觉节奏感。

图7-24　（版权作者：WWF）

图7-24的作品运用了动物符号组成人的形象，更具视觉冲击力。

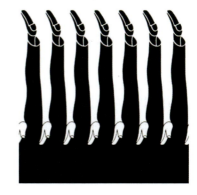

图7-25　　　　　　　　　图7-26

图7-25、图7-26的作品运用了男女腿的元素，也成为福田① 海报中有代表性的视觉符号。

作品巧妙利用黑白、正负形成男女的腿，上下重复并置，黑色"底"上白色的女性的腿与白色"底"上黑色男性的腿，虚实互补，互生互存，创造出简洁而有趣的效果，这种表达方式被称为正负形关系。

正负形。即"图"与"底"发生反转并彼此融合成一个整体，进而产生双重的意象，同时也赋予整个画面无限扩展的空间感。正负形是最重要的平面设计的手法之一。

如1987年在《福田繁雄招贴展》的招贴设计（见图7-27）中，福田将静止坐在台前的人的四个不同视角的状态，表现于同一画面，用单纯的线、面造成空间的穿插，大面积的黄色与人物黑色剪影对比，使整个画面产生强烈的视觉效果。这种空间意识的模糊，在视觉表现上具有多重意义的特性。

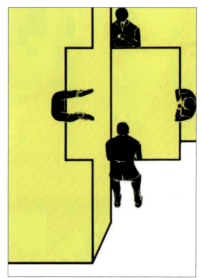

这张海报也成为这位大师的符号。

这张海报的编排，使得二维产生多维的视觉效果。

矛盾空间通常是利用人们视点的转换和交替，在二维平面上表现三维立体形态，但在三维形态中又显现出模棱两可的视觉效果，从而造成空间的混乱，产生了介于两种状态之间的空间状态。

图7-27 《福田繁雄招贴展》

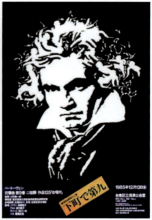

图7-28 《贝多芬第九交响曲》海报系列（部分作品）

图7-28这套海报，音符、鸟、马等并不相关符号，都被福田所运用，这些符号丰富了同一主题海报的内涵，同时充满趣味性，更体现出设计者丰富的想象力。

福田是将异质同构的设计理念，以视觉符号的形式呈现在其海报作品中的先驱。在福田许多的海报作品中，可以看到他对该设计原理的巧妙运用。

① 福田繁雄，平面设计教父。中文名：福田繁雄。国籍：日本。出生地：东京。毕业院校：东京国家艺术大学。代表作品：《1945年的胜利》；《贝多芬第九交响曲》海报系列；《F》海报系列。

置换是其运用异质同构设计理念的一种表现形式，指选择一个常规、简洁的图形为基本形态，保持其骨骼不变，再根据创意，置换新的元素，组成新形。

又如，图7-29为1999年福田为日本松屋百货集团创业130周年的庆祝活动设计的海报，在同一画面中呈现两个视角不同的人形，一个是仰视的角度，一个俯视的角度，由此产生了视觉的悖论，从而带来视觉趣味。

他的每一幅作品都能使人产生新、奇的联想，给人以人性化、哲理性和多维视觉体验。

四、科技数码型

随着电脑技术进步，借助设计的手段，人们随着时空的变化而延伸，版式图像的叠加、透视、错位、渐变等把我们带到了一个更大的视觉空间、心理空间。版式设计从二维逐步延伸到多维，给人更多的遐想和思考。

图7-29　日本松屋百货集团创业
130周年海报

图7-30　"港澳双拼艺术展"海报

图7-30这个排版方式，使用电脑合成，产生多维的思考，充分体现东方艺术的意境和西方抽象美学的有生结合。

　　活动的背景是港澳两地艺术家互碰、互动、互通，将两地独特的社会文化、地方色彩及各自的不同特质透过平面、立体及多媒体呈现出新的意念及表现特色。

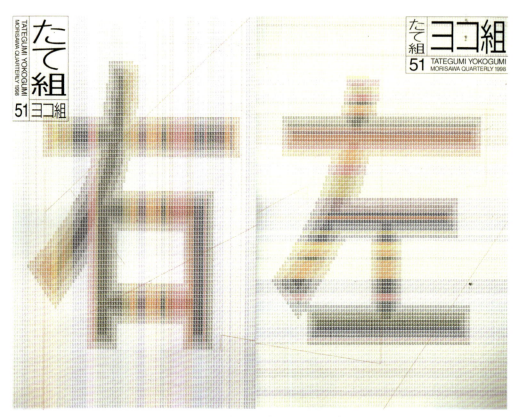

图7-31　（设计者：陈幼坚）

图7-31作品运用电脑技术进行重复叠加，更具有视觉冲击力。

图7-32（设计者：陈幼坚）

图7-32作品运用电脑技术进行旋转、叠加，呈现出东方的神韵。

图7-33

图7-33的网页排版使用电脑合成，使用单个元素，产生多维的思考。

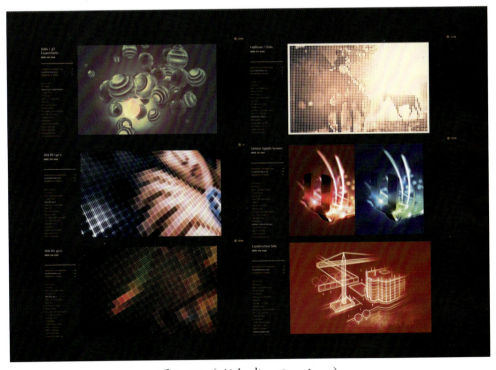

图7-34 （版权者：Gorohov）

图7-34是网页的二级页面，全部使用电脑合成，达到传统排版难以达到的视觉效果。

第三节 版式的美学原则

版式编排要控制美学变化的程度，更要遵从基本的设计原理和视觉习惯，在整体中求变化，在变化中求统一，通过节奏、韵律、重点、对比、平衡、比例、融合、运动感、留白等美学方法来设计版面。

图7-35（设计者：gunter karl boes）

图7-35中，字是点，字是线，字也是面，从而组合成的版式设计。

学习版式美学，首先要了解抽象美学，版式设计和抽象美学一脉相承。一个字是一个点，一行字是一条线，一段字由多行的线组成面。

抽象美学基本上是通过直觉和艺术家经验来寻找一种恰当的语言表现，用来描述和统一大量本质性的美学。

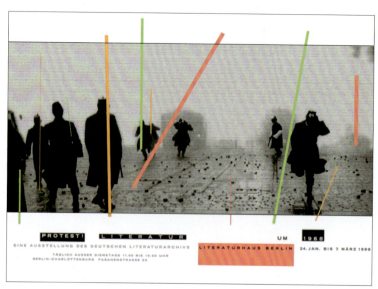

图7-36（设计者：gunter karl boes）

图7-36中，点、线、面等抽象元素，组合成为独特的视觉形象。

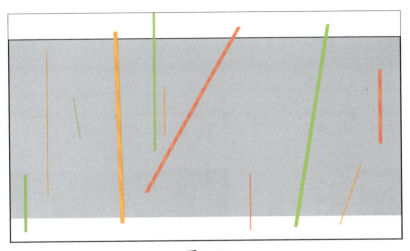

图7-37

图7-37是把图7-36中的不同色彩的线取出、组合的抽象图形。

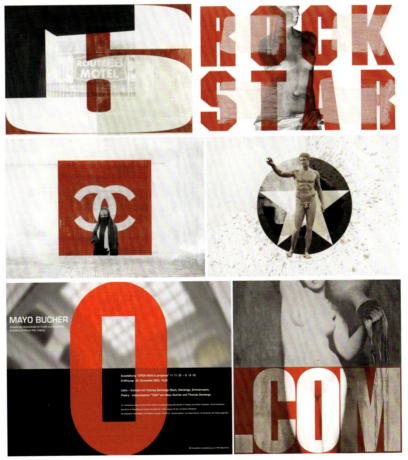

图7-38（设计者：Mayo Bucher）

图7-38的作品将富有肌理效果的色块和字体统一于一体空间之中，具有内容与形式的统一。

一、节奏

节奏来源于音乐，给人一种有韵律的长短、快慢现象。节奏在视觉艺术中是通过线条、色彩、形体、方向等因素有规律的运动变化而引起人的心理感受。它有等距离的连续，也有大小、长短、高低、明暗、渐变、形状等的排列构成。采用不同的图案，产生不断重复的节奏感，就像音乐的节奏，延续不同的视觉冲击和心理感受。

节奏是不断的有规律重复，在重复的过程中加以变化便成为韵律，给予人音乐般的视觉感受。

图7-39 SOKO杂志版式设计

图7-40 SOKO杂志版式设计

图7-39、图7-40的SOKO版式现代时尚，整个画册通过编排把握节奏，使阅读流畅而富有美感。

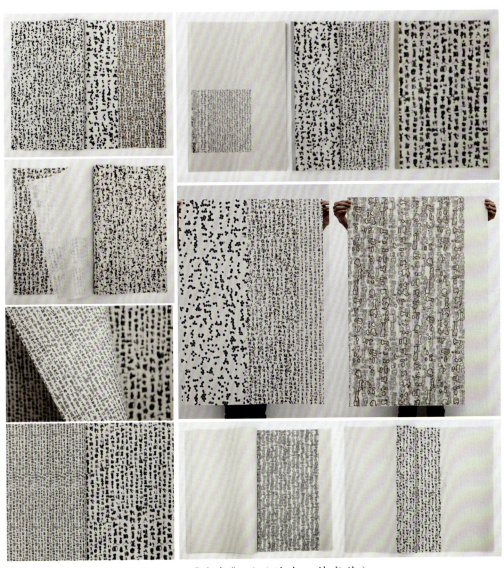

图7-41 《字象》（设计者：韩家英）

图7-41作品将印象主义、抽象主义融合在一起，表现抽象的节奏感和作者对文字的思考。

二、对比

对比与统一、和谐相反，对比是强调，突出元素。也就是把相对的两要素相互比较，产生大小、强弱、粗细、明暗、黑白、疏密、高低、远近、硬软、直曲、动静、锐钝、轻重的对比。对比的最基本要素是显示主次关系和统一变化的效果。在同一版面将多种对立关系交融在一起，对比关系越清晰、鲜明，取得的视觉效果越强烈。

图7-42 《成都欢乐谷万圣节招聘》（设计者：漆尉琦）

图7-42以多幅图电脑处理而成，通过色彩冷暖对比，南瓜通过强弱对比，突出万圣节的南瓜符号。

图7-43 《成都天府神厨餐饮宣传海报》（设计者：漆尉琦）

图7-43为餐饮行业宣传画，以暖色调为主，但是在系列海报中插入一幅冷色调，对比出暖色调。

三、重　点

　　人们在看信息时，都会潜意识地按照这样的次序：先通观全面，产生总体印象后，视线便会迫不及待停留于画面上的某一处，这个地方就是画面的视觉中心，然后，视线才会移动，读遍全面。这种现象，是人类眼球的生理构造决定的。

　　版式设计最重要的是突出重点信息，使信息排列有序，有效地让受众快速得到有效信息。

图7-44　自由 抗性 团结主题海报（版权作者：希腊平面设计协会）

图7-44的作品将具象、抽象元素以不同的方式组合，使画面突出主题。

图7-45 《一代斯文》话剧宣传品（指导老师：漆尉琦）

　　图7-45中，多与少、繁与减、大与小等手法，使作品在平凡的元素中营造出十分生动的气氛。

图7-46 《天府神厨》（设计者：漆尉琦）

图7-46从版式上重点突出图形，营造简洁之美。

图7-47 《天涯》（设计者：韩家英）

图7-47中，图是字，字是图，相互构成一个视觉重点。

四、比例

达·芬奇认为"美好的面貌的美在与它的各种因素结构神奇地合乎比例"。一切造型艺术都存在比例关系和谐的问题。

比例是形的整体与部分，以及部分与部分之间数量的一种比率。成功的排版设计，首先取决于良好的比例：等差数列、等比数列、黄金比等。黄金比能求得最大限度的和谐，使版面被分割的不同部分产生相互联系。

版面上的所有要素都存在比例的问题，如文字与图片、黑与白、色彩的冷与暖、构图的动与静等。

使用合理的比例排版，从视觉上适合读者的阅读习惯，给人一种清新、自然的感觉。

作品通过特点的视觉元素，即图片与文字的编排，运用空间对比，将大面积的空间留给视觉重点，使主题更突出，又具有强烈的视觉效果。（见图7-48、7-49）

图7-48 《科莱电梯产品宣传册》（设计作者：漆尉琦）

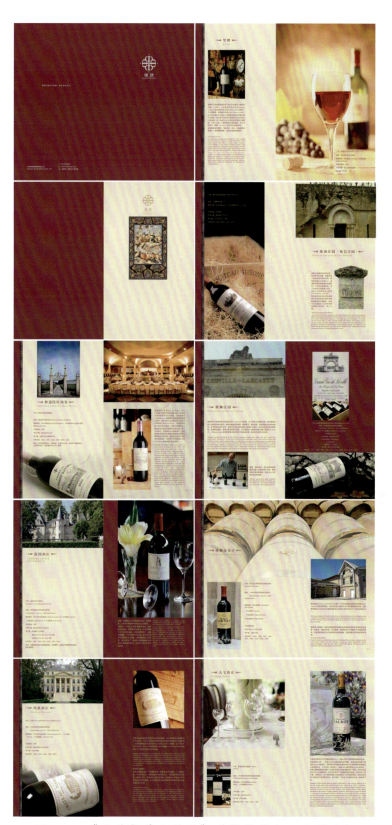

图7-49　《珈德贸易宣传册》（设计作者：漆尉琦）

五、平 衡

对称是平衡的一种最简单的形式，是中国传统建筑的基本美学要求。对称的形式有以中轴线为轴心的左右对称、以水平线为基准的上下对称和以对称点为源的放射对称，还有以对称面出发的反转形式。

除了对称以外，平衡指版面各视觉因素之间达到量的均等和谐关系，平衡感实际上是一种视觉和心里的感受，很难用标准去衡量。在版式设计中平衡可以通过多种方式达到。

保持平衡可以给人以稳定、庄严、整齐、秩序、安宁、沉静的感觉，让人产生可以信赖的情感。打破平衡的形体会给人不稳定感。

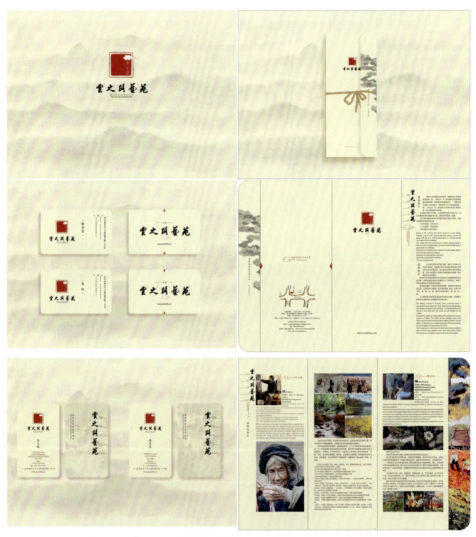

图7-50《云之路艺苑宣传册》（设计者：漆尉琦）

图7-50中的作品运用居中构图，在图形与文字的统一作用下达到画面平衡。

图7-51 竹叶青茶叶包装（设计者：靳太强）

图7-52 土木记忆（设计作者：漆尉琦）

图7-52中文字编排保持平衡，材质进行对比，使作品统一又富有变化。

六、融合

在左右两个版面分别放置相似的，或者相互具有共性的形态，两个版面间就构成了某种联系，融合了整个版面。加之主体的布局、插图、配色等形态，颜色达到一致，就能产生融合的效果。

让版面上的图形融合在一起可以充分体现整个版面的效果，避免它们之间的冲突，达到统一和谐而不呆板的效果。

图7-53中，稻穗图形与不同人脸的融合，将元素融合在自然之中。

图7-54中，书法与国画以重叠渐变的设计手法，使文字与图形融合。

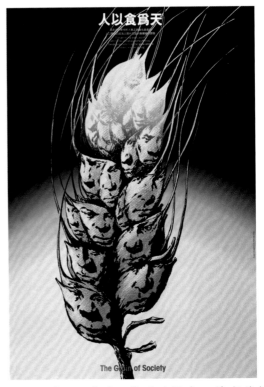

图7-53 《人以食为天》（设计者：韩家英）

图7-54 《融合》（设计者：韩家英）

图7-55《融合》（设计者：韩家英）

图7-55中，图片与文字编排现代，用不同的色彩，将图片与画面融合。

七、变化与统一

变化与统一是美学的总法则，是对立统一规律在版面构成上的应用。把构成版面的各要素按照一定的规律，有机地组合成一个整体，从部分之间可以看出多样性的变化，从各部分间的联系又可以看出和谐与秩序，达到变化中求统一。

变化是强调种种因素中的不同点，造成视觉上的变化，统一是强调物质和版式变化中各因素的一致性方面。统一的手法可借助均衡、调和、秩序等形式法则。两者完美结合，是版面构成最根本的要求，也是构成艺术表现力的因素之一。

图7-56 《新私想》（设计者：朱赢椿）

图7-56中，重要与位置的变化，图画单一化，视觉效果生动。

图7-57 四川传媒学院海报宣传（设计者：漆尉琦）

图7-57是一个系列的版式编排，根据作品内容的变化而改变版式和元素的变化，但还需要保持整体统一。

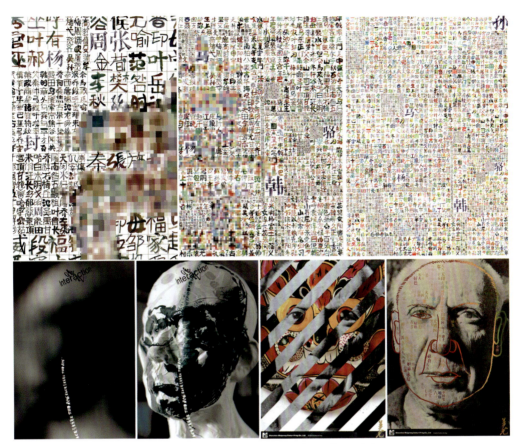

图7-58　海报设计（设计者：韩家英）

图7-59　海报设计（设计者：韩家英）

图7-58和图7-59中，字体肌理化，造型统一化，运用对比表现，使作品充满视觉感染力。

八、动 感

当图形或文字放置在版式的某些点上时，便会显得非常平衡、稳定、呈现相对静止的状态；而当图形放置在另一些空间位置上时，就会打破平衡安定的状态，而呈现强烈的运动感觉。

根据这一原理，为主体图形或文字选择恰当的位置，可以根据需要产生或动或静、或严肃或活泼的效果。同时，除了主体的位置以外，动感的产生还与主体的形状、方向、大小、层次等因素有关。

图7-60中，波浪感给人一种强烈的视觉动感。

图7-61中，斜体对比使视觉产生动感。

图7-62中，由统一造型变化而产生层次感和动感。

图7-60 海报设计（2014 ONE SHOW DESIGN 金奖作品）

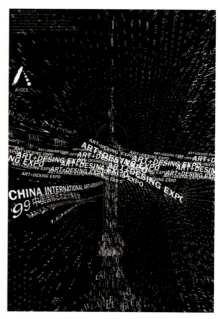

图7-62 海报设计（设计者：韩家英)

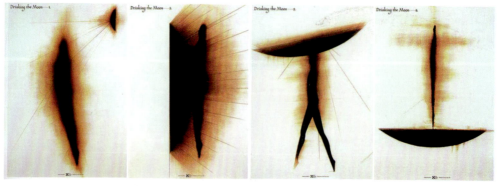

图7-61 海报设计（设计者：佐藤晃一）

图7-63　海报设计（设计者：陈绍华）

图7-63中，斜体对比使视觉产生动感。

图7-64　海报设计（设计者：靳埭强）

图7-64中，书法与国画结合产生强烈的动感。

图7-65　海报设计（设计者：佚名）

图7-65中，造型的变化产生动感。

图7-66　海报设计（设计者：韩湛宁）

图7-66中，偏旁打散加上渐变产生层次感和动感。

九、空白

版面编排的实体是图、文等内容，留白则是版面中未放置任何图文的空间，它是"虚"的特殊表现手法，其形式、大小、比例，决定着版面的质量。

版面主观的留白使得视线集中于主要内容，突出主要信息。现代版式编排特别注意空白的经营和空白空间的创造。空白可以让版式更有现代感，营造版面的视觉层次，使画面内容表达更含蓄，更有意境，引发受众的联想。

图7-67 《无印良品海报》（设计者：原研哉）

图7-67中大面积的留白，形成平静的姿态，开阔通灵。

图7-68 企业宣传（设计者：漆尉琦）

图7-68中版面的居中设计，平稳大方，尽显创意。

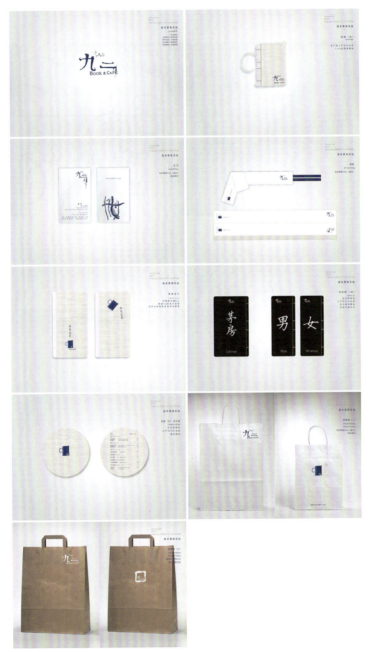

图7-69　企业宣传（设计者：漆尉琦）

图7-69中，在版面构成中巧妙保留空间，讲究空白清新之美，是为了更好地衬托质朴主题。

十、视觉引导

视觉引导是一种视觉观看的动感，是视线随着各种视觉元素在一定的空间沿着一定的轨迹运动的过程。视觉引导主要在与主观使读者视线随着设计元素进入一个充满美感的阅读过程。通常视觉流程可以分为：单向引导、反复引导、曲线引导、导向引导等几种方法。

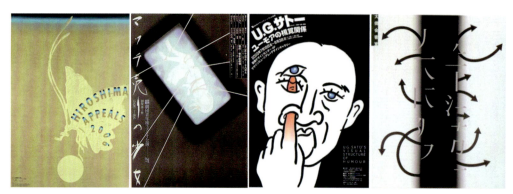

图7-70 海报设计（设计者：左藤晃一）

图7-70中，设计师利用视觉原理，引导人们的视线，指引按照方向阅读。

图7-71 海报设计（设计者：梁小武）

图7-71中，版面是典型视觉流程。作品统一而富有变化。

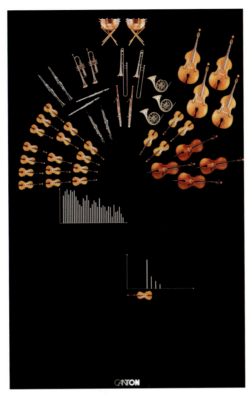

图7-72 海报设计（设计者：佚名）

图7-72中，单纯的视觉元素，简约的构成，使流程清晰，传达到位。

图7-73 海报设计（设计者：佚名）

图7-73中，字体集中，构成线形，即视觉主题主干线。

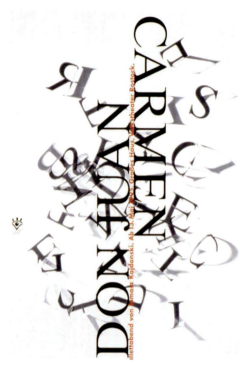

图7-74 海报设计（设计者：陈绍华）

图7-74将主题集中在主干线。

图7-75 海报设计（2014法国肖蒙设计节海报大赛获奖作品，佚名）

图7-75中，空间的对比，面的构成，空间的引导性，充满视觉的力度。

附 录

　　《实用数字报纸版面编辑》一书是作者们立足于一线教学，结合实际教学经验和当前数字出版时代对版面编辑的要求完成编著。在教学过程中，力求使版面编辑理论与实践紧密结合，在让学生掌握数字出版时代版面编辑所需理论之外，带领学生完成作品创作。让学生在实践中理解课上所学理论知识，充分调动学生的创作积极性，以学生的视角和作品反映数字出版时代版面编辑的特点。

　　在每一学期的教学中，都会涌现出一大批的优秀作品，以下是从近几年的学生作品中遴选出的一些优秀作品，供学习相关课程或相关专业的同学们参考。

Gourmet Magazine 时尚星期 6

2010年7月2日 星期五 美编 徐梓琛 编辑 徐梓琛

夏日犯困 多吃些毛豆

每年一到夏天天气炎热的时候，人总是会犯困？为什么呢？因为一到夏天，人会出汗，开始会带走一部分钾。钾流失的话，人容易犯困、嗜睡、食欲不振。毛豆里面含有丰富的钾，所以夏天要多吃毛豆，对身体好，也容易被人体吸收。眼下正是毛豆上市季节，所以吃点毛豆毛豆炒菜。孩子也适合吃，毛豆中富含的卵磷脂，是孩子大脑发育必需的营养之一。而且毛豆含有丰富的醋卵磷脂，可以预防和缓解儿童贫血症。毛豆在生长中需钙铁，也能补钙，可以预防骨质疏松。此外，毛豆中钾的含量也很高。毛豆还是相对安全的绿色食品。本来豆类所制的昆虫害就比较少，再加上毛豆皮含一层毛茸茸的"茸毛"，更能有效抵御病虫害，因此毛豆在生产过程中不用或者很少用农药。

三种食物会 让你越吃越老

有些食物会让人越吃越老。比如含有铅食品、腌制食品等等，这些食物或许吃的时候有很好的对胃，但是实际上是没什么营养的，而且还会加重你的衰老，要少吃。

铅会使脑内去钾肾上腺素、多巴胺和5—羟色胺的含量明显降低，造成神经递质传导阻碍，引起记忆力衰退、痴呆症、智力发育障碍等。人体摄铅过多，还会直接破坏神经细胞内合物遗传信息传递的功能，不仅容易患早老性痴呆症，而且还会使人脸色灰暗过早衰老。

在腌制鱼、肉、菜等食物时，容易使加入的食盐转化成亚硝酸盐，它在体内酶的催化作用下，易与体内的各类物质作用生成亚胺类的致癌物质，人吃多了易患癌症，并促使人体早衰。

糖类、青菜、花生、豆类、肉类、鱼类等发生霉变时，会产生大量的病菌和黄曲霉素，这些变霉物一旦被人食用后，轻则发生腹痛、呕吐、头晕、眼花、烦躁、乏力、听力下降和全身无力等症状，重则可致癌细胞，并促使人早衰。

一天 3 杯牛奶 瘦出美臀小纤腰

牛奶减肥原理

调研在三百二十三名年龄在九至十四岁夏威夷青春期少女当中民中，结果表明她们每天只要饮用美国食品指南建议的一半的牛奶量便能有效的减轻体重并缩小腰围。

调查人员还发现，每天只要多喝一杯半奶或多吃一小块乳酪（大约合300毫克的钙），经过一段时间之后，可以让腰部脂肪消减1.3厘米。体重则可下降近1公斤之多。

夏威夷营养学家语瓦特妮赞同上述的论述，她认为多喝牛奶可以帮助人们保持好身材的窈窕，同时也能纤瘦体型。

不过她也提醒人们，在喝牛奶的时候，应降低低性饮料的摄取量，以免抵消牛奶的效果。

正确减肥方法

每天早上起床后：一杯牛奶
午餐后：一杯酸牛奶
晚上人睡前：一杯牛奶

牛奶除能提供优美白皙的美容因子，坚起物质又安详的同时，而中午饮用酸牛奶，则可以借助其含有的乳酸、醋酸等有机酸，促进肠道蠕动，清理肠道，抑制有害菌生长，避免体内毒素堆积，纤瘦的身材就健康而来了。至于如何选择好的，奶业行业协会的建议是，优先考虑那些奶源地、绿色且生产工艺领先的大品牌的产品。

夏季三大 自然降暑法

小编 提示

专家为酷暑降温支招

[饮食]多吃粥，多喝汤有助降暑

"环境温度过高，空气的湿度大，人体内热量不易散发，热量积存过多，这样会导致体温调节中枢失衡而发生病阴，因此，除了在夏防降暑之外，尤其要注意在饮食方面的保健。"

郑州大学第一附属医院副主任营养师荀晓指出，多吃粥类食品对高温降暑会有一定的帮助。"用于防暑的粥品有绿豆粥、荷叶粥、莲子粥、生芦根粥等，也可用中药决明子、白菊花、薄荷、冰糖来煎煮或制成，作为夏秋季的清凉饮料。另外用白心番茄适量加入绿豆粥食用，也有最要效的作用。"此外，汤十分比较多，体液被补比较大的时候，多喝汤既能及时补充水分，又有利于消化吸收。

荀晓建议说，喝汤最好喝豆类汤、蔬菜性类，具有清热解暑的功效。此外，多喝青菜，如各种豆类、瓜类、小白菜、香菜、小茴香等，在补充营养的同时，也有助于清消热解暑。

[运动]夏练三伏，才能不怕热

"为了避免炎热，很多人会躲在屋不运动、少出汗的方式来度夏。"

武汉河南足队医院康复理疗科主任技师王握指出，这样不锻炼，越是伯出热且越觉得热，越不活动，肌体适应外界环境的能力就会越差。"中国有夏练三伏"之说，在热环境下锻炼，能使皮下毛细血管扩张，体腔开始加速，散热能力得以提高，使肌体有更强的调节体温能力。"王握建议说，夏季高温下，减少室外运动后不妨尝试一些室内运动。"比如游泳，这是炎夏最佳的运动方式。"

王握表示，游泳能提高人的呼吸系统功能，提高心血管系统的功能，水的浮力还有对减轻肩椎压力，非常适合颈椎病人。游泳还能使大脑皮层的兴奋性增高，游完泳后会感觉精神爽快。

[睡觉]热水泡脚除暑湿，助睡眠

在炎热的夏季，温度的考验不但让人受"日"如年，也会让人度"夜"如年，风扇、空调、疾病、冲凉，都是人们对付酷夏的方式。"夏天睡觉前，很多人喜欢用凉水洗脚，认为这样可以降温消暑，在感觉上比较舒服。其实这样不利于下肢的血气循环，对晚上睡眠也不利。"

夏交替之季更应在意饮食调养，以保健康。由于入夏后多雨少天气炎热的气候变化及易复元常，使人体虚遭困或倦的被困降降，因此，合理的调整饮食就显得尤为重要。

怎样才能吃得健康营养，又能提高自身的免疫力呢？各种粥品便是这个时节的最佳选择。

饭后 一定不要做4件事

饭后一定不要做八件事，吃完饭后，有很多事情是不可以做的，也许你没有在意，但是应该去注意一下，不要让身体受到事情，这样会对身体产生影响的，不要让是吃就饿了的四件事情。

一、不要立刻吃水果。

水果中含有黄酮类的化合物，而其肠内容易转化为二硫氰酸钾，而肠人的蔬菜中含有硫氰酸盐，在这两种化学物质作用下，干扰甲状腺功能，可导致体表性甲状腺。

二、不要立刻喝茶。

因为茶中含有的单宁可与 食物 中蛋白铁结合，产生不容易吸收的沉淀或成沉淀物质，长埋下去可出现缺铁性贫血、黄白质缺乏症。

三、不要立刻吸烟。

因为饭后肠胃的加快血液循环，毛细血管扩张，促进烟中有害物质吸收，饭后吸烟吸收到的有害物质是平时吸烟的十多倍，会位因罹患癌的危险性比较大。

四、不要立刻洗冷水澡。

立刻洗冷水浴有会令胃血管收缩，会使得胃血液没有来得及消化促进人体。另外，洗冷水澡很耗胃气，使胃液液消化能力减弱，也不利于胃肠道菌，容易造成胃痛、胃痛等。

据英国《每日邮报》31日报道，英国商店昨日开始出售一种新奇水果"菠萝莓"（pineberry），这种水果外形像白草莓，但味道像菠萝。

"菠萝莓"果肉为奶白色，表面均匀分布着小红点，与一般的草莓颜色恰好相反。这种野生草莓源于南美洲，由一名荷兰农民带到欧洲种植并进行商业贩卖，不然它可能已经不复于世上了。

目前出于处于推广期，一盒125克的菠萝莓售价为2.99英镑（合人民币33元）。但到4月13日开始售价将上调为3.99英镑（约合人民币44.5元）。

据《本草纲目》称，早起空腹胃反应，食应一大碗，谷气便作，所补不细，又极柔赋，与肠胃相得，最为饮食之妙也。

晚间喝浓水参粥也可使脑得到滋养，纷不会导致胃胀，还能帮助睡眠，古人就称它为宜静汤。

2008级编导专科3班 徐梓琛（指导老师 亓怀亮）

2008级编导专科2班 王璐、聂熔
(指导老师 亓怀亮)

2008级编导专科4班 张欣 武祎娇
(指导老师 亓怀亮)

2008级戏文2班 郝学 (指导老师 亓怀亮)

2008级编导专科2班 苏丽媛 (指导老师 亓怀亮)

2008级编导专科4班 胡逸然 (指导老师 亓怀亮)

2010级电编专科2班 蒋虹均
(指导老师 亓怀亮)

2008级戏文1班 李锦 (指导老师 亓怀亮)

2008级编导专科1班 曹阳、王路 (指导老师 亓怀亮)

2008级戏文2班 黄源鑫 (指导老师 亓怀亮)

2008级戏文2班 李翔宇 (指导老师 亓怀亮)

2008级戏文2班 刘涛 (指导老师 亓怀亮)

2008级戏文2班 宋佳芹 (指导老师 亓怀亮)

2008级戏文2班 魏来 (指导老师 亓怀亮)

2009级文艺编导2班 鄢倩 徐文婷
(指导老师 亓怀亮)

2009级文艺编导3班 宋晓杰 (指导老师 亓怀亮)

2009级文艺编导3班 汪玲 (指导老师 亓怀亮)

2008级戏文1班 王元雪 (指导老师 亓怀亮)

2009级戏文1班 刘涵尹 (指导老师 亓怀亮)

2009级戏文1班 岳杨 (指导老师 亓怀亮)

2009级戏文1班 包畅 (指导老师 亓怀亮)

2010级节目制作2班 陈映月
(指导老师 亓怀亮)

2010级节目制作2班 王惜夕
(指导老师 亓怀亮)

2010级电编专科6班 何娅 (指导老师 亓怀亮)

2011级节目制作5班 王莹
(指导老师 亓怀亮)

2010级文艺编导专科1班 王铃玉
(指导老师 亓怀亮)

2011级电编2班 李名玉 (指导老师 亓怀亮)

2010级文艺编导3班 张圆 (指导老师 亓怀亮)

2010级节目制作2班 彭媛 (指导老师 亓怀亮)

2011级电编1班 韩笑 (指导老师 亓怀亮)

2010级文艺编导专科1班 王汝佳 (指导老师 亓怀亮)

2011级节目制作5班 薛梦琦 (指导老师 亓怀亮)

2011级节目制作5班 张璐 (指导老师 亓怀亮)

2011级节目制作5班 沙莎 (指导老师 亓怀亮)

2011级节目制作5班 赵晨 (指导老师 亓怀亮)

02 流行

川传日报 编辑 仇丽媛

看那凤凰牌胶卷相机
就爱你 古老又个性 的气味

凤凰牌胶片相机

> 27岁的伦子最近忙啊，他是开二手物品交换店的，有上万件老物品，每到周末都会被邀请到珠江新城里不同的跳蚤市场摆摊。他发现原来CBD白领们很爱旧物，一是因为环保，二是怀旧物件里有古老和个性的味道。凤凰牌胶卷相机、转盘式电话、老手风琴和大哥大，都有着怎样的故事？

■新快报记者 邓毅富/文 王飞/图

CBD刮起怀旧风，皆因白领爱环保个性

上周日，在花城汇有一个怀旧集市，伦子与其他三十多档摊主一样，受邀去摆摊。条件有两个，一是穿得怀旧感点，二是货品要有怀旧色彩。这对摆不偶伦子，他是开二手品交换店的，从而上万件老货品中随手拿一两样儿。他人挑挑拣拣去选，藏的蓝衣衫，都以旧货出售一胶卷机太阳镜格，就可随意套合了。

"没想到最受欢迎的是怀旧物品"伦子告诉记者，他卖掉了一部老式的英文打字机，一个给拥托车的旧式头盔。

"打字机是一位老人家用过的，头盔是一个摩托车手的旧装备，没包包一位退休工人当年坐上万杨到北京开会发给他的。"

转盘式电话、老手风琴，都是80后至爱旧物

广州80、90后，喜欢怎样的怀旧物品？准备举办"广州的好时光"的怀旧摄影集的一群年轻人，和伦子一起从林总总的旧物件里觅出了一张清单：上世纪80年代老式黑白电视机，黑胶唱片机唱碟，磁带机、上世纪90年代的MD、缝盘灯、老式方锁电表、老式胶卷相机、老式机械安条件、老式滑板车旧车牌、老阔的平。

"这个转盘式的电话，电能用，搅一个数字拨开旧盘，就算用大字，很慢。"

怀旧味道的转盘式电话机

观点
世界上没有垃圾，只有错放的老古董

伦子 的店叫"幸福交换商店"，开在体育西路的首营小区里。

在珠江新城举办的一个二手市集上，白领们对旧物很感兴趣。

有怀旧图案的手袋。

老式手风琴是一款旧物。

大哥大、BP机等怀旧物件。

玩物
怀旧，岂止一个老字

● 老式打字机

● 老钢针

● 老闹钟

● 老字福

故事
定情信物拿来交换
就为不再睹物思人

潮人留言
换物其实是换故事

@Jacker花

@葛春的仙

@Birch越那猫

@无敌小丁

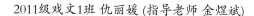

2011级戏文1班 仇丽媛 (指导老师 金煜斌)

2010级节目制作5班 谷利杰 (指导老师 金煜斌)

2010级网络传媒3班 马红超
(指导老师 金煜斌)

2010级网络传媒1班 程思 (指导老师 金煜斌)

2011级戏文2班 陈灿 (指导老师 金煜斌)

2009级节目制作3班 赵昕洁 (指导老师 金煜斌)

2011级戏文2班 刘小杰 (指导老师 金煜斌)

参考文献

[1] 杨鑫辉. 西方心理学提要[M]. 南昌：江西人民出版社，2001.

[2] 李良荣. 新闻学概论[M]. 上海：复旦大学出版社，2003.

[3] 郑兴东，陈仁风，蔡雯. 报纸编辑学教程[M]. 北京：中国人民大学出版社，2001.

[4] 王　俊. 版面设计[M]. 北京：中国建筑工业出版社，2009.

[5] 余青青. 编排设计[M]. 南京：东南大学出版社，2011.

[6] 陆红阳. 创意字体与编排设计[M]. 南宁：广西美术出版社，2011.

[7] 杨明刚. 现代设计美学[M]. 上海：华东理工大学出版社，2011.

[8] 黄奇杰. 报刊编辑实务教程[M]. 杭州：浙江大学出版社，2014.

[9] 曾　璜. 图片编辑手册[M]. 北京：中国摄影出版社，2009.